大方廣佛華嚴經 讀誦

56

🪷 일러두기

1. 『독송본 한문·한글역 대방광불화엄경』은 실차난타가 한역(695~699)한 80권 『대방광불화엄경』의 한문 원문과 한글역을 함께 수록한 것이다. 한문에는 음사와 현토를 부기하였다.

2. 원문의 저본은 고종 2년(1865) 월정사에서 인경한 고려대장경 『대방광불화엄경』에 한암 스님이 현토(1949년)한 것을 범룡 스님이 영인 출판(1990년)한 『대방광불화엄경』이다.

3. 한문은 저본에서 누락되었거나 글자가 다르다고 판단된 부분은 저본인 고려대장경 각권의 말미에 교감되어 있는 내용을 중심으로 하고 봉은사판 『대방광불화엄경수소연의초』와 신수대장경 각주에서 밝힌 교감본을 참조하여 보입하고 수정하였다.

4. 한글 번역은 동국역경원에서 발간한 한글 『대방광불화엄경』(운허)을 중심으로 하고 『신화엄경합론』(탄허)과 『대방광불화엄경 강설』(여천무비) 그리고 최근의 여타 번역본 등을 참조하였다.

5. 저본의 원문에서 이체자의 경우 훈글이 제공하는 이체자는 그대로 살리고 훈글이 제공하지 않는 글자는 통용되는 정자로 바꾸었다. 예) 閒 → 閑 / 焰 → 燄 / 宮 → 宮 / 稱 → 稱

6. 한글 번역은 독송과 사경을 위하여 정확성과 아울러 가독성을 고려하였다. 극존칭은 부처님과 불경계에 대해서만 사용하였다.

7. 독송본의 차례는 일러두기 → 본문 → 화엄경 목차 → 간행사의 순차이다.
  (법공양판에는 간행사 다음에 간행불사 동참자를 밝혀 두었다.)

8. 독송본의 한글역은 사경의 편의를 도모하기 위해 그 편집을 달리하여 『사경본 한글역 대방광불화엄경』으로 함께 간행한다. 독송본과 사경본 모두 80권 『대방광불화엄경』의 권별 목차 순으로 간행한다.

독송본 한문·한글역

대방광불화엄경 제56권
大方廣佛華嚴經 卷第五十六

38. 이세간품 [4]
離世間品 第三十八之四

실차난타 한역
수미해주 한글역

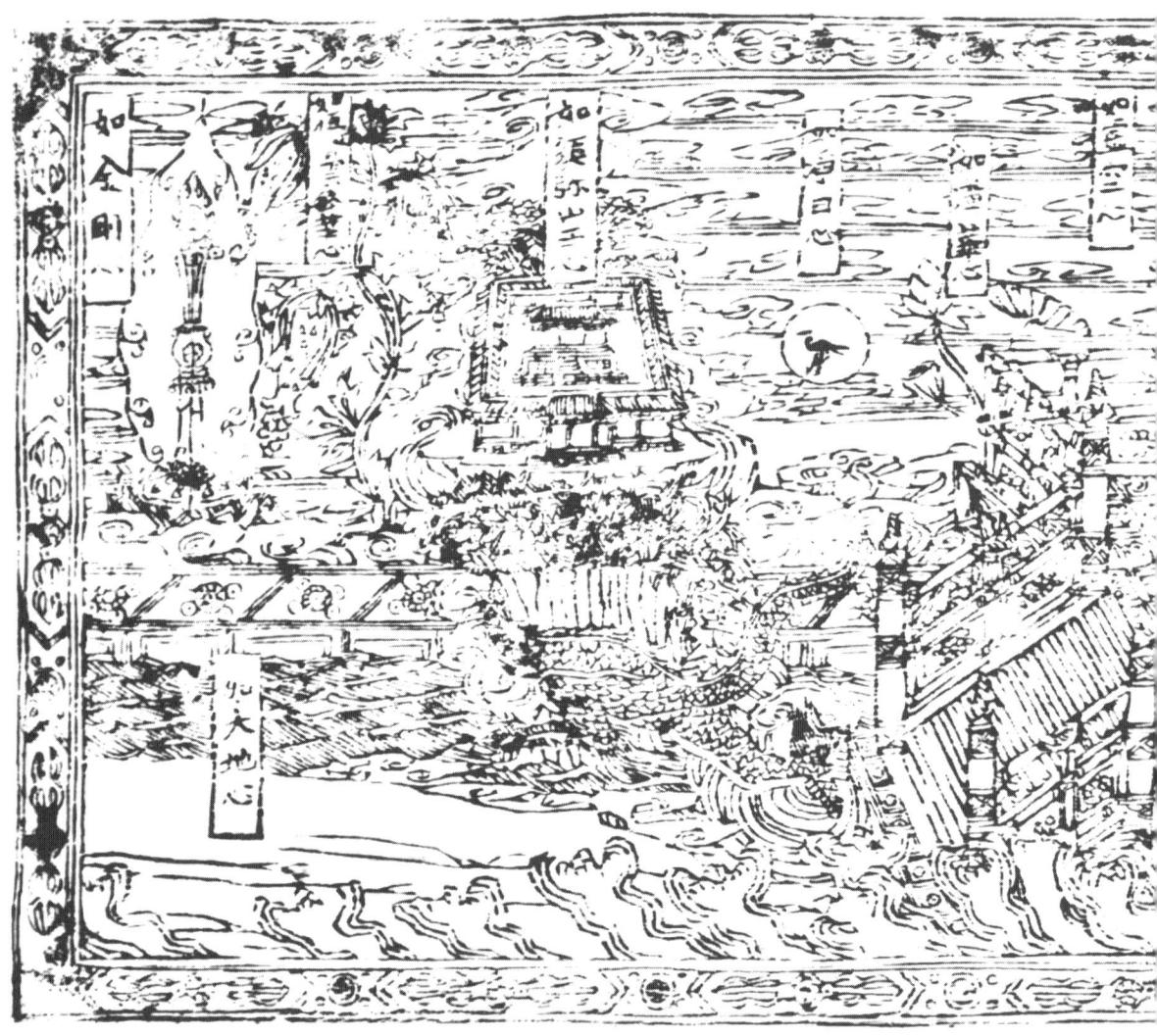

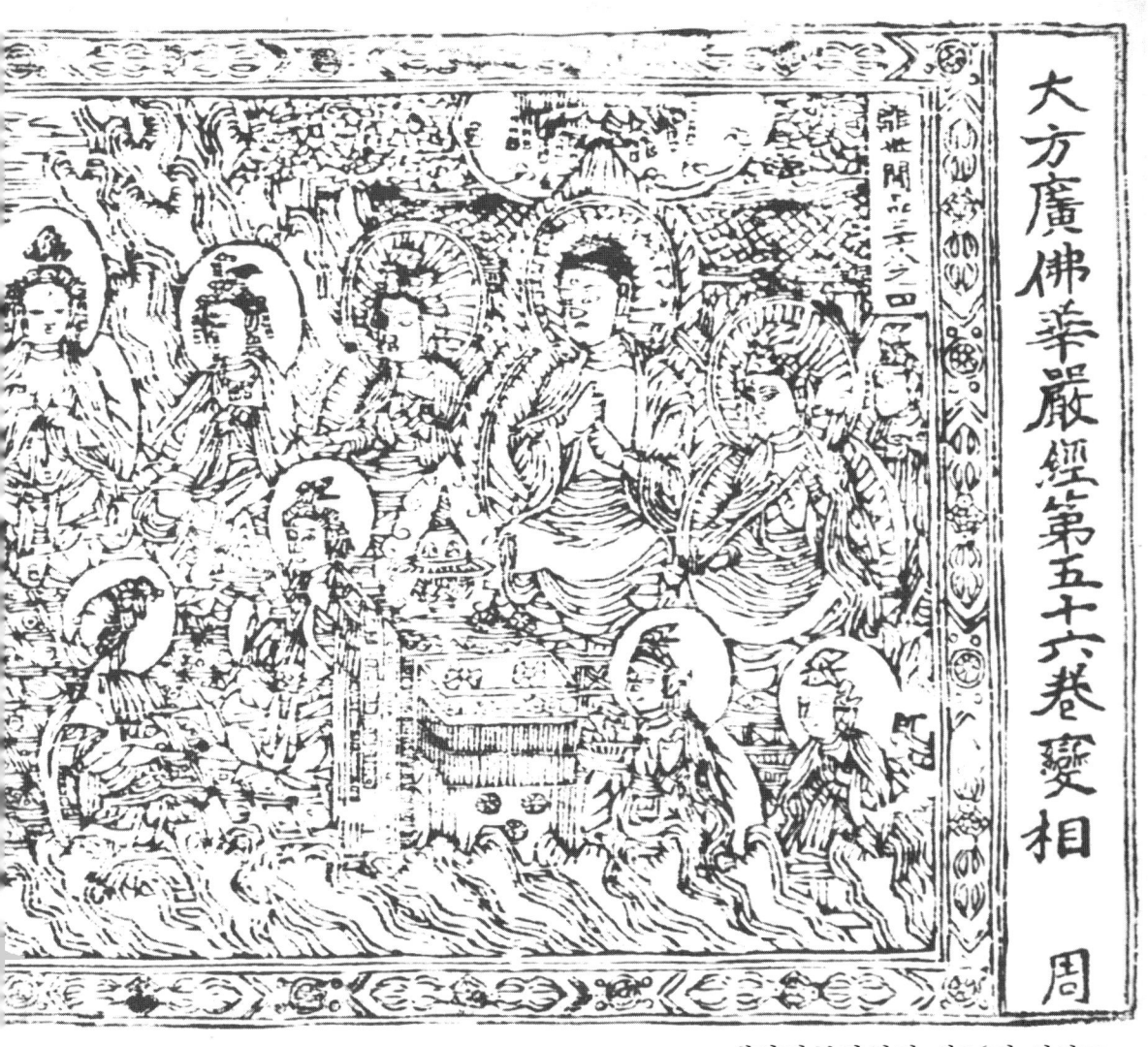

대방광불화엄경 제56권 변상도

대방광불화엄경
제56권

38. 이세간품 [4]

대방광불화엄경 권제오십육
大方廣佛華嚴經 卷第五十六

이세간품 제삼십팔지사
離世間品 第三十八之四

불자야 菩薩摩訶薩이 有十種無礙用하니라

何等이 爲十고

所謂衆生無礙用과 國土無礙用과 法無礙用과

身無礙用과 願無礙用과 境界無礙用과 智無礙

대방광불화엄경 제56권

38. 이세간품 [4]

"불자들이여, 보살마하살이 열 가지 걸림 없는 작용이 있다.

무엇이 열인가?

이른바 중생에 걸림 없는 작용과, 국토에 걸림 없는 작용과, 법에 걸림 없는 작용과, 몸에 걸림 없는 작용과, 원에 걸림 없는 작용과, 경

用과 神通無礙用과 神力無礙用과 力無礙

用이니라

佛子야 云何爲菩薩摩訶薩의 衆生等無礙用고

佛子야 菩薩摩訶薩이 有十種衆生無礙用하니라

何等이 爲十고

所謂知一切衆生이 無衆生無礙用과 知一切

衆生이 但想所持無礙用이니라

계에 걸림 없는 작용과, 지혜에 걸림 없는 작용과, 신통에 걸림 없는 작용과, 위신력에 걸림 없는 작용과, 힘에 걸림 없는 작용이다.

 불자들이여, 무엇이 보살마하살의 중생 등에 걸림 없는 작용인가?
 불자들이여, 보살마하살이 열 가지 중생에 걸림 없는 작용이 있다.
 무엇이 열인가?
 이른바 일체 중생이 중생 없음을 아는 걸림 없는 작용과, 일체 중생이 다만 생각으로 유지되는 것임을 아는 걸림 없는 작용이다.

위일체중생설법   미증실시무애용   보화
爲一切衆生說法에 未曾失時無礙用과 普化

현일체중생계무애용
現一切衆生界無礙用이니라

치일체중생어일모공중   이불박애무애
置一切衆生於一毛孔中호대 而不迫隘無礙

용   위일체중생   시현타방일체세계
用과 爲一切衆生하야 示現他方一切世界하야

영기실견무애용
令其悉見無礙用이니라

위일체중생   시현석범호세제천신무애
爲一切衆生하야 示現釋梵護世諸天身無礙

용   위일체중생   시현성문벽지불적정위
用과 爲一切衆生하야 示現聲聞辟支佛寂靜威

의무애용
儀無礙用이니라

일체 중생을 위하여 법을 설함에 일찍이 때를 잃지 않는 걸림 없는 작용과, 일체 중생계를 널리 변화하여 나타내는 걸림 없는 작용이다.

일체 중생을 한 모공에 두되 비좁지 않은 걸림 없는 작용과, 일체 중생을 위하여 다른 방소의 일체 세계를 나타내 보여서 그들로 하여금 모두 보게 하는 걸림 없는 작용이다.

일체 중생을 위하여 제석과 범천과 호세사천왕과 모든 하늘 몸을 나타내 보이는 걸림 없는 작용과, 일체 중생을 위하여 성문과 벽지불의 고요한 위의를 나타내 보이는 걸림 없는 작용이다.

위일체중생　　　　시현보살행무애용　　위일체
爲一切衆生하야 示現菩薩行無礙用과 爲一切

중생　　　　시현제불색신상호일체지력성등정
衆生하야 示現諸佛色身相好一切智力成等正

각무애용
覺無礙用이니라

시위십
是爲十이니라

불자　　보살마하살　　　유십종국토무애용
佛子야 菩薩摩訶薩이 有十種國土無礙用하니라

하등　　위십
何等이 爲十고

소위일체찰　　작일찰무애용　　　일체찰　　입일
所謂一切刹로 作一刹無礙用과 一切刹로 入一

일체 중생을 위하여 보살행을 나타내 보이는 걸림 없는 작용과, 일체 중생을 위하여 모든 부처님 색신의 상호와 일체지의 힘과 평등하고 바른 깨달음 이룸을 나타내 보이는 걸림 없는 작용이다.

이것이 열이다.

불자들이여, 보살마하살이 열 가지 국토에 걸림 없는 작용이 있다.

무엇이 열인가?

이른바 일체 세계로 한 세계를 만드는 걸림 없는 작용과, 일체 세계를 한 모공에 넣는 걸

모공무애용
毛孔無礙用이니라

지일체찰무유진무애용　일신　결가좌
知一切刹無有盡無礙用과 **一身**이 **結跏坐**하야

충만일체찰무애용
充滿一切刹無礙用이니라

일신중　현일체찰무애용　진동일체찰
一身中에 **現一切刹無礙用**과 **震動一切刹**호대

불령중생공포무애용
不令衆生恐怖無礙用이니라

이일체찰장엄구　장엄일찰무애용　이일
以一切刹莊嚴具로 **莊嚴一刹無礙用**과 **以一**

찰장엄구　장엄일체찰무애용
刹莊嚴具로 **莊嚴一切刹無礙用**이니라

이일여래일중회　변일체불찰　시현중생
以一如來一衆會로 **徧一切佛刹**하야 **示現衆生**

림 없는 작용이다.

일체 세계가 다함없음을 아는 걸림 없는 작용과, 한 몸이 결가부좌하여 일체 세계에 충만한 걸림 없는 작용이다.

한 몸 가운데 일체 세계를 나타내는 걸림 없는 작용과, 일체 세계를 진동하되 중생들이 두렵게 하지 않는 걸림 없는 작용이다.

일체 세계의 장엄거리로 한 세계를 장엄하는 걸림 없는 작용과, 한 세계의 장엄거리로 일체 세계를 장엄하는 걸림 없는 작용이다.

한 여래의 한 대중모임으로 일체 부처님의 세계에 두루하여 중생들을 나타내 보이는 걸림

무애용
無礙用이니라

일체소찰중찰대찰광찰심찰앙찰복찰측찰
一切小刹中刹大刹廣刹深刹仰刹覆刹側刹

정찰   변제방망무량차별   이차보시일체
正刹의 徧諸方網無量差別을 以此普示一切

중생무애용
衆生無礙用이니라

시위십
是爲十이니라

불자   보살마하살   유십종법무애용
佛子야 菩薩摩訶薩이 有十種法無礙用하나라

하등   위십
何等이 爲十고

없는 작용이다.

　일체 작은 세계와 중간 세계와 큰 세계와 넓은 세계와 깊은 세계와 잦혀진 세계와 엎어진 세계와 기울어진 세계와 반듯한 세계가 모든 방위 그물에 두루하여 한량없이 차별함을, 이로써 일체 중생에게 널리 보이는 걸림 없는 작용이다.

　이것이 열이다.

　불자들이여, 보살마하살이 열 가지 법에 걸림 없는 작용이 있다.

　무엇이 열인가?

소위지일체법　　　　　입일법　　　　일법　　　입일체
所謂知一切法이 入一法하고 一法이 入一切

법　　　　이역불위중생심해무애용　　　종반야바
法호대 而亦不違衆生心解無礙用과 從般若波

라밀　　　출생일체법　　　　위타해설　　　　실령개
羅蜜로 出生一切法하야 爲他解說하야 悉令開

오무애용
悟無礙用이니라

지일체법이문자　　　　이령중생　　　개득오입
知一切法離文字호대 而令衆生으로 皆得悟入

무애용　　지일체법입일상　　　이능연설무량
無礙用과 知一切法入一相호대 而能演說無量

법상무애용
法相無礙用이니라

지일체법이언설　　　능위타설무변법문
知一切法離言說호대 能爲他說無邊法門

이른바 일체 법이 한 법에 들어가고 한 법이 일체 법에 들어감을 알되, 또한 중생의 마음으로 이해함을 어기지 않는 걸림 없는 작용과, 반야바라밀을 좇아 일체 법을 내어 다른 이를 위하여 설해서 모두 깨닫게 하는 걸림 없는 작용이다.

일체 법이 문자를 여읨을 알되 중생들이 다 깨달아 들어가게 하는 걸림 없는 작용과, 일체 법이 한 모양에 들어감을 알되 한량없는 법의 모양을 능히 연설하는 걸림 없는 작용이다.

일체 법이 말을 여읜 줄을 알되 능히 다른 이를 위하여 가없는 법문을 설하는 걸림 없는

무애용　　　어일체법　　　선전보문자륜무애
無礙用과 於一切法에 善轉普門字輪無礙

용
用이니라

이일체법　　　입일법문　　　이불상위　　　어불
以一切法으로 入一法門호대 而不相違하야 於不

가설겁　　　설불궁진무애용　　　이일체법　　　실
可說劫에 說不窮盡無礙用과 以一切法으로 悉

입불법　　　영제중생　　　개득오해무애용
入佛法하야 令諸衆生으로 皆得悟解無礙用이니라

지일체법무유변제무애용　　　지일체법무장
知一切法無有邊際無礙用과 知一切法無障

애제　　　유여환망　　　무량차별　　　어무량겁
礙際가 猶如幻網의 無量差別하야 於無量劫에

위중생설　　　불가궁진무애용
爲衆生說호대 不可窮盡無礙用이니라

작용과, 일체 법에 넓은 문의 글자 바퀴를 잘 굴리는 걸림 없는 작용이다.

일체 법을 한 법문에 넣되 서로 어기지 아니하여 말할 수 없는 겁 동안 설하여도 끝까지 다하지 않는 걸림 없는 작용과, 일체 법을 부처님 법에 다 넣어서 모든 중생들이 모두 깨달아 알게 하는 걸림 없는 작용이다.

일체 법이 끝이 없음을 아는 걸림 없는 작용과, 일체 법이 장애의 경계가 없음이 마치 요술 그물처럼 한량없이 차별함을 알고 한량없는 겁 동안 중생들을 위하여 설하되 끝까지 다하지 않는 걸림 없는 작용이다.

시위십
是爲十이니라

불자 보살마하살 유십종신무애용
佛子야 菩薩摩訶薩이 有十種身無礙用하나라

하등 위십
何等이 爲十고

소위이일체중생신   입기신무애용   이기
所謂以一切衆生身으로 入己身無礙用과 以己

신   입일체중생신무애용
身으로 入一切衆生身無礙用이니라

일체불신   입일불신무애용   일불신
一切佛身으로 入一佛身無礙用과 一佛身으로

입일체불신무애용
入一切佛身無礙用이니라

이것이 열이다.

불자들이여, 보살마하살이 열 가지 몸에 걸림 없는 작용이 있다.

무엇이 열인가?

이른바 일체 중생의 몸을 자기의 몸에 넣는 걸림 없는 작용과, 자기의 몸을 일체 중생의 몸에 넣는 걸림 없는 작용이다.

일체 부처님의 몸이 한 부처님의 몸에 들어가는 걸림 없는 작용과, 한 부처님의 몸이 일체 부처님의 몸에 들어가는 걸림 없는 작용이다.

일체 세계가 자기의 몸에 들어가는 걸림 없

一切刹로 入己身無礙用과 以一身으로 充徧一切三世法하야 示現衆生無礙用이니라

於一身에 示現無邊身하야 入三昧無礙用과 於一身에 示現衆生數等身하야 成正覺無礙用이니라

於一切衆生身에 現一衆生身하고 於一衆生身에 現一切衆生身無礙用과 於一切衆生身에 示現法身하고 於法身에 示現一切衆生身無礙用이니라

는 작용과, 한 몸으로 일체 삼세의 법에 가득하여 중생들에게 나타내 보이는 걸림 없는 작용이다.

한 몸에 가없는 몸을 나타내 보여 삼매에 들어가는 걸림 없는 작용과, 한 몸에 중생들의 수효와 같은 몸을 나타내 보여 바른 깨달음을 이루는 걸림 없는 작용이다.

일체 중생의 몸에 한 중생의 몸을 나타내고 한 중생의 몸에 일체 중생의 몸을 나타내는 걸림 없는 작용과, 일체 중생의 몸에 법의 몸을 나타내 보이고 법의 몸에 일체 중생의 몸을 나타내 보이는 걸림 없는 작용이다.

시위십
是爲十이니라

불자   보살마하살   유십종원무애용
佛子야 菩薩摩訶薩이 有十種願無礙用하나라

하등   위십
何等이 爲十고

소위이일체보살원   작자원무애용   이
所謂以一切菩薩願으로 作自願無礙用과 以

일체불성보리원력   시현자성정각무애
一切佛成菩提願力으로 示現自成正覺無礙

용
用이니라

수소화중생   자성아뇩다라삼먁삼보리
隨所化衆生하야 自成阿耨多羅三藐三菩提

이것이 열이다.

불자들이여, 보살마하살이 열 가지 원에 걸림 없는 작용이 있다.

무엇이 열인가?

이른바 일체 보살의 원으로 자기의 원을 만드는 걸림 없는 작용과, 일체 부처님의 보리를 이루는 원력으로 스스로 바른 깨달음 이룸을 나타내 보이는 걸림 없는 작용이다.

교화할 바 중생들을 따라서 스스로 아뇩다라삼먁삼보리를 이루는 걸림 없는 작용과, 일체 끝없는 겁에 큰 원이 끊어지지 않는 걸림

무애용
無礙用과 於一切無邊際劫에 大願不斷無礙
어일체무변제겁   대원부단무애

용
用이니라

원리식신   불착지신   이자재원   현일
遠離識身하고 不著智身하야 以自在願으로 現一

체신무애용   사기자신   성만타원무애
切身無礙用과 捨棄自身하고 成滿他願無礙

용
用이니라

보교화일체중생   이불사대원무애용   어
普敎化一切衆生하야 而不捨大願無礙用과 於

일체겁   행보살행   이대원부단무애용
一切劫에 行菩薩行하야 而大願不斷無礙用이니라

어일모공   현성정각   이원력고   충변일
於一毛孔에 現成正覺하야 以願力故로 充徧一

없는 작용이다.

 식의 몸을 멀리 여의고 지혜의 몸에 집착하지 아니하여 자재한 원으로 일체 몸을 나타내는 걸림 없는 작용과, 자기의 몸을 버리고 다른 이의 원을 이루어 원만하게 하는 걸림 없는 작용이다.

 일체 중생을 널리 교화하여 큰 원을 버리지 않는 걸림 없는 작용과, 일체 겁에 보살행을 행하여 큰 원이 끊이지 않는 걸림 없는 작용이다.

 한 모공에서 바른 깨달음 이룸을 나타내고 원력인 까닭으로 일체 모든 부처님 국토에 두

체제불국토　　　어불가설불가설세계　　위
切諸佛國土하야 於不可說不可說世界에 爲

일일중생　　　여시시현무애용
一一衆生하야 如是示現無礙用이니라

설일구법　　　변일체법계　　　홍대정법운
說一句法호대 徧一切法界하야 興大正法雲하며

요해탈전광　　　진실법뇌음　　　우감로미우
耀解脫電光하며 震實法雷音하며 雨甘露味雨하야

이대원력　　　충흡일체제중생계무애용
以大願力으로 充洽一切諸衆生界無礙用이니라

시위십
是爲十이니라

불자　보살마하살　　유십종경계무애용
佛子야 菩薩摩訶薩이 有十種境界無礙用하나니

루 가득하여, 말할 수 없이 말할 수 없는 세계에서 낱낱 중생을 위하여 이와 같이 나타내 보이는 걸림 없는 작용이다.

한 구절의 법을 설하되 일체 법계에 두루하여 크고 바른 법의 구름을 일으키며, 해탈의 번개 빛을 밝히며, 진실한 법의 우레 소리를 떨치며, 감로 맛의 비를 내리어, 큰 서원의 힘으로 일체 모든 중생계를 흡족케 하는 걸림 없는 작용이다.

이것이 열이다.

불자들이여, 보살마하살이 열 가지 경계에

何等이 爲十고

所謂在法界境界호대 而不捨衆生境界無礙用과 在佛境界호대 而不捨魔境界無礙用이니라

在涅槃境界호대 而不捨生死境界無礙用과 入一切智境界호대 而不斷菩薩種性境界無礙用이니라

住寂靜境界호대 而不捨散亂境界無礙用과 住無去無來無戲論無相狀無體性無言說如虛

걸림 없는 작용이 있다.

무엇이 열인가?

이른바 법계의 경계에 있으면서 중생의 경계를 버리지 않는 걸림 없는 작용과, 부처님의 경계에 있으면서 마의 경계를 버리지 않는 걸림 없는 작용이다.

열반의 경계에 있으면서 생사의 경계를 버리지 않는 걸림 없는 작용과, 일체지의 경계에 들어가되 보살 종성의 경계를 끊지 않는 걸림 없는 작용이다.

고요한 경계에 머무르되 산란한 경계를 버리지 않는 걸림 없는 작용과, 감도 없고 옴도 없

空境界호대 而不捨一切衆生戲論境界無礙
用이니라

住諸力解脫境界호대 而不捨一切諸方所境界
無礙用과 入無衆生際境界호대 而不捨敎化一
切衆生無礙用이니라

住禪定解脫神通明智寂靜境界호대 而於一切
世界에 示現受生無礙用과 住如來一切行莊
嚴成正覺境界호대 而現一切聲聞辟支佛의 寂

고 희론도 없고 형상도 없고 자체 성품도 없고 말도 없어서 허공과 같은 경계에 머무르되 일체 중생의 희론 경계를 버리지 않는 걸림 없는 작용이다.

모든 힘과 해탈 경계에 머무르되 일체 모든 방소의 경계를 버리지 않는 걸림 없는 작용과, 중생들의 경계 없는 경계에 들어가되 일체 중생 교화하기를 버리지 않는 걸림 없는 작용이다.

선정과 해탈과 신통과 밝은 지혜와 고요한 경계에 머무르되 일체 세계에 태어남을 나타내 보이는 걸림 없는 작용과, 여래의 일체 행

정위의무애용
靜威儀無礙用이니라

시위십
是爲十이니라

불자　보살마하살　　유십종지무애용
佛子야 **菩薩摩訶薩**이 **有十種智無礙用**하나니라

하등　위십
何等이 **爲十**고

소위무진변재무애용　　일체총지무유망실
所謂無盡辯才無礙用과 **一切摠持無有忘失**

무애용
無礙用이니라

능결정지결정설일체중생제근무애용　　어
能決定知決定說一切衆生諸根無礙用과 **於**

으로 장엄한 바른 깨달음을 이룬 경계에 머무르되 일체 성문과 벽지불의 고요한 위의를 나타내는 걸림 없는 작용이다.

이것이 열이다.

불자들이여, 보살마하살이 열 가지 지혜에 걸림 없는 작용이 있다.

무엇이 열인가?

이른바 다함없는 변재의 걸림 없는 작용과, 일체를 모두 지니어 잊어버리지 않는 걸림 없는 작용이다.

일체 중생의 모든 근성을 분명하게 알고 분

一念中에 以無礙智로 知一切衆生心之所行

無礙用이니라

知一切衆生欲樂隨眠習氣煩惱病하야 隨應

授藥無礙用과 一念에 能入如來十力無礙

用이니라

以無礙智로 知三世一切劫과 及其中衆生無

礙用과 於念念中에 現成正覺하야 示現衆生호대

無有斷絶無礙用이니라

명하게 설하는 걸림 없는 작용과, 한 생각 동안에 걸림 없는 지혜로 일체 중생 마음의 행하는 바를 아는 걸림 없는 작용이다.

일체 중생의 욕락과 수면과 습기와 번뇌의 병을 알아서 마땅함을 따라 약을 주는 걸림 없는 작용과, 한 생각에 여래의 열 가지 힘에 능히 들어가는 걸림 없는 작용이다.

걸림 없는 지혜로 삼세의 일체 겁과 그 가운데 중생들을 아는 걸림 없는 작용과, 생각생각 가운데 바른 깨달음 이룸을 나타내어 중생들에게 나타내 보이되 끊어짐이 없는 걸림 없는 작용이다.

어일중생상　　지일체중생업무애용　　어일
於一眾生想에 知一切眾生業無礙用과 於一

중생음　　해일체중생어무애용
眾生音에 解一切眾生語無礙用이니라

시위십
是爲十이니라

불자　　보살마하살　　유십종신통무애용
佛子야 菩薩摩訶薩이 有十種神通無礙用하니라

하등　위십
何等이 爲十고

소위어일신　　시현일체세계신무애용　　어
所謂於一身에 示現一切世界身無礙用과 於

일불중회　　청수일체불중회중소설법무애
一佛眾會에 聽受一切佛眾會中所說法無礙

한 중생의 생각에서 일체 중생의 업을 아는 걸림 없는 작용과, 한 중생의 음성에서 일체 중생의 말을 이해하는 걸림 없는 작용이다.

이것이 열이다.

불자들이여, 보살마하살이 열 가지 신통에 걸림 없는 작용이 있다.

무엇이 열인가?

이른바 한 몸에 일체 세계의 몸을 나타내 보이는 걸림 없는 작용과, 한 부처님의 대중모임에서 일체 부처님의 대중모임 가운데 설하시는 바 법을 듣는 걸림 없는 작용이다.

용
用이니라

어일중생심념중　성취불가설무상보리
於一衆生心念中에 成就不可說無上菩提하야

개오일체중생심무애용　이일음　현일체
開悟一切衆生心無礙用과 以一音으로 現一切

세계차별언음　영제중생　각득해료무
世界差別言音하야 令諸衆生으로 各得解了無

애용
礙用이니라

일념중　현진전제일체겁　소유업과종종
一念中에 現盡前際一切劫의 所有業果種種

차별　영제중생　실득지견무애용　일
差別하야 令諸衆生으로 悉得知見無礙用과 一

미진　출현광대불찰무량장엄무애용
微塵에 出現廣大佛刹無量莊嚴無礙用이니라

한 중생의 마음 생각 속에서 말할 수 없는 위없는 보리를 성취하여 일체 중생의 마음을 깨닫게 하는 걸림 없는 작용과, 한 음성으로 일체 세계의 차별한 음성을 나타내어 모든 중생들로 하여금 각각 분명히 알게 하는 걸림 없는 작용이다.

한 생각 가운데서 앞 시절의 일체 겁을 다하도록 있던 바 업과 과보가 갖가지로 차별함을 나타내어 모든 중생들로 하여금 모두 알고 봄을 얻게 하는 걸림 없는 작용과, 한 미진에서 광대한 부처님 세계의 한량없는 장엄을 내는 걸림 없는 작용이다.

令一切世界로 具足莊嚴無礙用과 普入一切

三世無礙用이니라

放大法光明하야 現一切諸佛菩提衆生行願無

礙用과 善守護一切天龍夜叉乾闥婆阿脩羅

迦樓羅緊那羅摩睺羅伽釋梵護世聲聞獨覺

菩薩의 所有如來十力菩薩善根無礙用이니라

是爲十이니라

若諸菩薩이 得此無礙用하면 則能普入一切佛

일체 세계로 하여금 장엄을 구족하게 하는 걸림 없는 작용과, 일체 삼세에 널리 들어가는 걸림 없는 작용이다.

큰 법의 광명을 놓아 일체 모든 부처님의 보리와 중생들의 행과 원을 나타내는 걸림 없는 작용과, 일체 천신과 용과 야차와 건달바와 아수라와 가루라와 긴나라와 마후라가와 제석과 범천과 호세사천왕과 성문과 독각과 보살의 있는 바 여래의 십력과 보살의 선근을 잘 수호하는 걸림 없는 작용이다.

이것이 열이다.

만약 모든 보살들이 이 걸림 없는 작용을 얻

법
法이니라

불자　　보살마하살　　　유십종신력무애용
佛子야 **菩薩摩訶薩**이 **有十種神力無礙用**하나니라

하등　위십
何等이 **爲十**고

소위이불가설세계　　치일진중무애용　　어
所謂以不可說世界로 **置一塵中無礙用**과 **於**

일진중　　현등법계일체불찰무애용
一塵中에 **現等法界一切佛刹無礙用**이니라

이일체대해수　　치일모공　　　주선왕반시방
以一切大海水로 **置一毛孔**하야 **周旋往返十方**

세계　　　이어중생　　무소촉요무애용　　이불
世界호대 **而於衆生**에 **無所觸嬈無礙用**과 **以不**

으면 곧 능히 일체 부처님 법에 널리 들어간다.

불자들이여, 보살마하살이 열 가지 위신력에 걸림 없는 작용이 있다.

무엇이 열인가?

이른바 말할 수 없는 세계를 한 티끌 속에 두는 걸림 없는 작용과, 한 티끌 속에 법계와 동등한 일체 부처님 세계를 나타내는 걸림 없는 작용이다.

일체 큰 바닷물을 한 모공에 두어서 시방세계를 두루 돌면서 가고 오되 중생들에게 닿아서 번거로운 바가 없는 걸림 없는 작용과, 말

가설세계　　내자신중　　　시현일체신통소작
可說世界로 內自身中하야 示現一切神通所作

무애용
無礙用이니라

이일모　　계불가수금강위산　　　지이유행일
以一毛로 繫不可數金剛圍山하야 持以遊行一

체세계　　　불령중생　　　생공포심무애용
切世界호대 不令衆生으로 生恐怖心無礙用과

이불가설겁　　　작일겁　　일겁　　작불가설
以不可說劫으로 作一劫하고 一劫으로 作不可說

겁　　어중　시현성괴차별　　불령중생
劫하야 於中에 示現成壞差別호대 不令衆生으로

심유공포무애용
心有恐怖無礙用이니라

어일체세계　　현수화풍재종종변괴　　　이불
於一切世界에 現水火風災種種變壞호대 而不

할 수 없는 세계를 자기의 몸 속에 넣어서 일체 신통으로 짓는 바를 나타내 보이는 걸림 없는 작용이다.

한 털로써 셀 수 없는 금강위산을 얽어매어 지니고 일체 세계를 유행하되 중생들로 하여금 두려운 마음을 내지 않게 하는 걸림 없는 작용과, 말할 수 없는 겁으로 한 겁을 만들고 한 겁으로 말할 수 없는 겁을 만들어 그 가운데서 이루어지고 무너지는 차별을 나타내 보이되 중생들로 하여금 마음에 두려움이 있지 않게 하는 걸림 없는 작용이다.

일체 세계에서 물과 불과 바람의 재앙으로

뇌중생무애용　　일체세계삼재괴시　　실능
惱衆生無礙用과 **一切世界三災壞時**에 **悉能**

호지일체중생자생지구　　불령손결무애
護持一切衆生資生之具하야 **不令損缺無礙**

용
用이니라

이일수　지부사의세계　　척불가설세계지
以一手로 **持不思議世界**하야 **擲不可說世界之**

외　　불령중생　　유경포상무애용　　설일
外호대 **不令衆生**으로 **有驚怖想無礙用**과 **說一**

체찰　　동어허공　　영제중생　　실득오해
切刹이 **同於虛空**하야 **令諸衆生**으로 **悉得悟解**

무애용
無礙用이니라

시위십
是爲十이니라

갖가지 변괴를 나타내되 중생들을 괴롭게 하지 않는 걸림 없는 작용과, 일체 세계가 세 가지 재앙으로 무너질 때에 일체 중생의 살림살이 도구들을 모두 능히 보호하여 지켜서 줄어들지 않게 하는 걸림 없는 작용이다.

한 손으로 부사의한 세계를 잡아 말할 수 없는 세계의 밖으로 던지되 중생들로 하여금 놀라고 두려워하는 생각이 있지 않게 하는 걸림 없는 작용과, 일체 세계가 허공과 같음을 설하여 모든 중생들로 하여금 모두 깨달아 알게 하는 걸림 없는 작용이다.

이것이 열이다.

불자 보살마하살 유십종력무애용
佛子야 菩薩摩訶薩이 有十種力無礙用하나니라

하등 위십
何等이 爲十고

소위중생력무애용 교화조복 불사리
所謂衆生力無礙用이니 敎化調伏하야 不捨離

고 찰력무애용 시현불가설장엄 이
故며 刹力無礙用이니 示現不可說莊嚴하야 而

장엄고
莊嚴故니라

법력무애용 영일체신 입무신고 겁
法力無礙用이니 令一切身으로 入無身故며 劫

력무애용 수행부단고
力無礙用이니 修行不斷故니라

불력무애용 교오수면고 행력무애용
佛力無礙用이니 覺悟睡眠故며 行力無礙用이니

불자들이여, 보살마하살이 열 가지 힘에 걸림 없는 작용이 있다.

무엇이 열인가?

이른바 중생들의 힘에 걸림 없는 작용이니 교화하고 조복하여 버리어 여의지 않는 까닭이며, 세계의 힘에 걸림 없는 작용이니 말할 수 없는 장엄을 나타내 보여 장엄하는 까닭이다.

법의 힘에 걸림 없는 작용이니 일체 몸으로 하여금 몸이 없는 데 들어가게 하는 까닭이며, 겁의 힘에 걸림 없는 작용이니 수행이 끊어지지 않는 까닭이다.

섭취일체보살행고
攝取一切菩薩行故니라

여래력무애용 　　도탈일체중생고 　　무사력
如來力無礙用이니 **度脫一切衆生故**며 **無師力**

무애용 　　자각일체제법고
無礙用이니 **自覺一切諸法故**니라

일체지력무애용 　　이일체지 　　성정각고
一切智力無礙用이니 **以一切智**로 **成正覺故**며

대비력무애용 　　불사일체중생고
大悲力無礙用이니 **不捨一切衆生故**니라

시위십
是爲十이니라

불자 　　여시 　　명위보살마하살 　　십종무애
佛子야 **如是**가 **名爲菩薩摩訶薩**의 **十種無礙**

용 　　약유득차십무애용자 　　어아뇩다라삼
用이니 **若有得此十無礙用者**면 **於阿耨多羅三**

부처님의 힘에 걸림 없는 작용이니 잠을 깨는 까닭이며, 행하는 힘에 걸림 없는 작용이니 일체 보살행을 거두어 취하는 까닭이다.

여래의 힘에 걸림 없는 작용이니 일체 중생을 제도하여 해탈케 하는 까닭이며, 스승 없는 힘에 걸림 없는 작용이니 스스로 일체 모든 법을 깨닫는 까닭이다.

일체 지혜의 힘에 걸림 없는 작용이니 일체 지혜로써 바른 깨달음을 이루는 까닭이며, 대비의 힘에 걸림 없는 작용이니 일체 중생을 버리지 않는 까닭이다.

이것이 열이다.

약삼보리 욕성불성 수의무위 수성정
藐三菩提에 欲成不成을 隨意無違하야 雖成正

각 이역부단행보살행 하이고 보
覺이나 而亦不斷行菩薩行하나니라 何以故오 菩

살마하살 발대서원 입무변무애용문
薩摩訶薩이 發大誓願하야 入無邊無礙用門하야

선교시현고
善巧示現故니라

불자 보살마하살 유십종유희
佛子야 菩薩摩訶薩이 有十種遊戲하나니라

하등 위십
何等이 爲十고

소위이중생신 작찰신 이역불괴중생
所謂以衆生身으로 作刹身호대 而亦不壞衆生

불자들이여, 이와 같은 것을 보살마하살의 열 가지 걸림 없는 작용이라 이름한다. 만약 이 열 가지 걸림 없는 작용을 얻는 자가 있으면 아뇩다라삼먁삼보리를 이루거나 이루지 않으려 함을 뜻 따라 어김이 없어서, 비록 바른 깨달음을 이루지만 또한 보살행을 행하는 것을 끊지 않는다. 왜냐하면 보살마하살이 큰 서원을 내어서 가없는 걸림 없는 작용의 문에 들어가서 교묘하게 나타내 보이는 까닭이다.

불자들이여, 보살마하살이 열 가지 유희가 있다.

신　　시보살유희　　이찰신　　　작중생신
身이 是菩薩遊戲요 以刹身으로 作衆生身호대

이역불괴어찰신　　시보살유희
而亦不壞於刹身이 是菩薩遊戲요

어불신　시현성문독각신　　이불손감여래
於佛身에 示現聲聞獨覺身호대 而不損減如來

신　　시보살유희　어성문독각신　　시현여래
身이 是菩薩遊戲요 於聲聞獨覺身에 示現如來

신　　　이부증장성문독각신　　시보살유희
身호대 而不增長聲聞獨覺身이 是菩薩遊戲요

어보살행신　　시현성정각신　　이역부단보
於菩薩行身에 示現成正覺身호대 而亦不斷菩

살행신　　시보살유희　　어성정각신　　시현수
薩行身이 是菩薩遊戲요 於成正覺身에 示現修

보살행신　　　이역불감성보리신　　시보살유
菩薩行身호대 而亦不減成菩提身이 是菩薩遊

무엇이 열인가?

이른바 중생의 몸으로써 세계의 몸을 만들되 또한 중생의 몸을 무너뜨리지 않는 것이 보살의 유희이며, 세계의 몸으로써 중생의 몸을 만들되 또한 세계의 몸을 무너뜨리지 않는 것이 보살의 유희이다.

부처님의 몸에서 성문과 독각의 몸을 나타내 보이되 여래의 몸은 줄어들지 않는 것이 보살의 유희이며, 성문과 독각의 몸에서 여래의 몸을 나타내 보이되 성문과 독각의 몸은 늘어나지 않는 것이 보살의 유희이다.

보살행 하는 몸에 바른 깨달음을 이루는 몸

희
戲요

어열반계　시현생사신　이불착생사　시
於涅槃界에 示現生死身호대 而不著生死가 是

보살유희　어생사계　시현열반　역불구
菩薩遊戲요 於生死界에 示現涅槃호대 亦不究

경입어열반　시보살유희
竟入於涅槃이 是菩薩遊戲요

입어삼매　이시현행주좌와일체업　역
入於三昧하야 而示現行住坐臥一切業호대 亦

불사삼매정수　시보살유희
不捨三昧正受가 是菩薩遊戲요

재일불소　문법수지　기신부동　이이
在一佛所하야 聞法受持에 其身不動하고 而以

삼매력　어불가설제불회중　각각현신
三昧力으로 於不可說諸佛會中에 各各現身호대

을 나타내 보이되 또한 보살행 하는 몸은 끊어지지 않는 것이 보살의 유희이며, 바른 깨달음을 이룬 몸에 보살행 닦는 몸을 나타내 보이되 또한 보리를 이루는 몸은 줄어들지 않는 것이 보살의 유희이다.

열반의 세계에 생사의 몸을 나타내 보이되 생사에 집착하지 않는 것이 보살의 유희이며, 생사의 세계에 열반을 나타내 보이되 또한 구경에 열반에 들지 않는 것이 보살의 유희이다.

삼매에 들어서 가고 머무르고 앉고 눕는 일체 업을 나타내 보이되 또한 삼매의 바르게 받음을 버리지 않는 것이 보살의 유희이다.

역불분신　　　역불기정　　　이문법수지　　　상
亦不分身하며 亦不起定하고 而聞法受持하야 相

속부단
續不斷하니라

여시염념어일일삼매신　　　각출생불가설불
如是念念於一一三昧身에 各出生不可說不

가설삼매신　　　여시차제　　　일체제겁　　　유가
可說三昧身하야 如是次第한 一切諸劫은 猶可

궁진　　　이보살삼매신　　　불가궁진　　　시보
窮盡이어니와 而菩薩三昧身은 不可窮盡이 是菩

살유희
薩遊戲니라

시위십
是爲十이니라

약제보살　　　안주차법　　　즉득여래무상대지
若諸菩薩이 安住此法하면 則得如來無上大智

한 부처님 처소에서 법을 듣고 받아 지님에 그 몸은 움직이지 않고, 삼매의 힘으로써 말할 수 없는 모든 부처님의 모임 가운데 각각 몸을 나타내되 또한 몸을 나누지 않으며, 또한 선정에서 일어나지 않으며, 법을 듣고 받아 지님이 계속하여 끊어지지 않는다.

이와 같이 생각생각에 낱낱 삼매의 몸에서 각각 말할 수 없이 말할 수 없는 삼매의 몸을 내며, 이와 같이 차례로 일체 모든 겁은 오히려 끝까지 다하거니와 보살의 삼매의 몸은 끝까지 다하지 않는다. 이것이 보살의 유희이다.

이것이 열이다.

유희
遊戱니라

불자　보살마하살　유십종경계
佛子야 菩薩摩訶薩이 有十種境界하니라

하등　위십
何等이 爲十고

소위시현무변법계문　　　영중생득입　시보
所謂示現無邊法界門하야 令衆生得入이 是菩

살경계　시현일체세계무량묘장엄　　영중
薩境界요 示現一切世界無量妙莊嚴하야 令衆

생득입　시보살경계
生得入이 是菩薩境界요

화왕일체중생계　　　실방편개오　시보살경
化往一切衆生界하야 悉方便開悟가 是菩薩境

만약 모든 보살들이 이 법에 편안히 머무르면 곧 여래의 위없는 큰 지혜의 유희를 얻는다.

불자들이여, 보살마하살이 열 가지 경계가 있다.

무엇이 열인가?

이른바 가없는 법계의 문을 나타내 보여서 중생들로 하여금 들어가게 하는 것이 보살의 경계이며, 일체 세계의 한량없는 미묘한 장엄을 나타내 보여서 중생들로 하여금 들어가게 하는 것이 보살의 경계이다.

일체 중생 세계에 변화하여 가서 모두 방편

界요 於如來身에 出菩薩身하고 於菩薩身에 出

如來身이 是菩薩境界요

於虛空界에 現世界하고 於世界에 現虛空界가

是菩薩境界요 於生死界에 現涅槃界하고 於涅

槃界에 現生死界가 是菩薩境界요

於一衆生語言中에 出生一切佛法語言이 是

菩薩境界요 以無邊身으로 現作一身하고 一身으로

作一切差別身이 是菩薩境界요

으로 깨우치는 것이 보살의 경계이며, 여래의 몸에서 보살의 몸을 내고 보살의 몸에서 여래의 몸을 내는 것이 보살의 경계이다.

허공계에서 세계를 나타내고 세계에서 허공계를 나타내는 것이 보살의 경계이며, 생사의 경계에서 열반의 경계를 나타내고 열반의 경계에서 생사의 경계를 나타내는 것이 보살의 경계이다.

한 중생의 말 가운데 일체 부처님 법의 말을 내는 것이 보살의 경계이며, 가없는 몸으로 한 몸을 만들어 나타내고 한 몸으로 일체 차별한 몸을 만드는 것이 보살의 경계이다.

이일신　　충만일체법계　　시보살경계　　어
以一身으로 **充滿一切法界**가 **是菩薩境界**요 **於**

일념중　　영일체중생　　　발보리심　　　각현
一念中에 **令一切衆生**으로 **發菩提心**하야 **各現**

무량신　　성등정각　　시보살경계
無量身하야 **成等正覺**이 **是菩薩境界**라

시위십
是爲十이니라

약제보살　　안주차법　　　즉득여래무상대지
若諸菩薩이 **安住此法**하면 **則得如來無上大智**

혜 경 계
慧境界니라

불자　　보살마하살　　유십종력
佛子야 **菩薩摩訶薩**이 **有十種力**하니라

한 몸으로 일체 법계에 충만한 것이 보살의 경계이며, 한 생각 동안에 일체 중생이 보리심을 내어서 각각 한량없는 몸을 나타내어 평등하고 바른 깨달음을 이루게 하는 것이 보살의 경계이다.

이것이 열이다.

만약 모든 보살들이 이 법에 편안히 머무르면 곧 여래의 위없는 큰 지혜의 경계를 얻는다.

불자들이여, 보살마하살이 열 가지 힘이 있다.

하등   위십
何等이 爲十고

소위심심력   부잡일체세정고   증상심심
所謂深心力이니 不雜一切世情故며 增上深心

력   불사일체불법고
力이니 不捨一切佛法故니라

방편력   제유소작구경고   지력   요지
方便力이니 諸有所作究竟故며 智力이니 了知

일체심행고
一切心行故니라

원력   일체소구영만고   행력   진미래
願力이니 一切所求令滿故며 行力이니 盡未來

제부단고
際不斷故니라

승력   능출생일체승   이불사대승고
乘力이니 能出生一切乘호대 而不捨大乘故며

무엇이 열인가?

이른바 깊은 마음의 힘이니 일체 세간의 정에 섞이지 않은 까닭이며, 더욱 늘어나는 깊은 마음의 힘이니 일체 부처님 법을 버리지 않는 까닭이다.

방편의 힘이니 모든 짓는 바가 구경인 까닭이며, 지혜의 힘이니 일체 마음 행을 밝게 아는 까닭이다.

서원의 힘이니 일체 구하는 바를 만족하게 하는 까닭이며, 수행의 힘이니 미래제가 다하도록 끊이지 않는 까닭이다.

타는 힘이니 능히 일체 탈 것을 내지만 대승

神^{신변력}變力이니 於一一毛孔^{어일일모공중}中에 各各示現一切淸^{각각시현일체청}

淨^{정세계}世界하야 一切如來^{일체여래}가 出興世故^{출흥세고}니라

菩^{보리력}提力이니 令一切衆生^{영일체중생}으로 發心成佛^{발심성불}하야 無斷^{무단}

絶^{절고}故며 轉法輪力^{전법륜력}이니 說一句法^{설일구법}하야 悉稱一切^{실칭일체}

衆生諸根性欲故^{중생제근성욕고}니라

是爲十^{시위십}이니라

若諸菩薩^{약제보살}이 安住此法^{안주차법}하면 則得諸佛無上一切^{즉득제불무상일체}

智十力^{지십력}이니라

을 버리지 않는 까닭이며, 신통 변화의 힘이니 낱낱 모공 가운데 각각 일체 청정한 세계의 일체 여래께서 세상에 출현하심을 나타내 보이는 까닭이다.

보리의 힘이니 일체 중생으로 하여금 발심하여 성불함을 끊어지지 않게 하는 까닭이며, 법륜을 굴리는 힘이니 한 구절의 법을 설하여도 일체 중생의 모든 근성과 욕구에 모두 맞는 까닭이다.

이것이 열이다.

만약 모든 보살들이 이 법에 편안히 머무르면 곧 모든 부처님의 위없는 일체지의 열 가지

불자   보살마하살   유십종무외
佛子야 菩薩摩訶薩이 有十種無畏하니라

하등   위십
何等이 爲十고

불자   보살마하살   실능문지일체언설
佛子야 菩薩摩訶薩이 悉能聞持一切言說하야

작여시념
作如是念하나니라

설유중생   무량무변   종시방래   이
設有衆生이 無量無邊하야 從十方來하야 以

백천대법   이문어아   아어피문   불견
百千大法으로 而問於我라도 我於彼問에 不見

미소난가답상   이불견고   심득무외
微少難可答相이니 以不見故로 心得無畏하야

구경도피대무외안   수기소문   실능수
究竟到彼大無畏岸하며 隨其所問하야 悉能酬

힘을 얻는다.

불자들이여, 보살마하살이 열 가지 두려움 없음이 있다.

무엇이 열인가?

불자들이여, 보살마하살이 모두 일체 말을 능히 들어 지니고 이와 같은 생각을 한다.

'설령 한량없고 가없는 중생들이 있어 시방으로부터 와서 백천 가지 큰 법으로 나에게 묻더라도, 나는 그 물음에 조금도 답하기 어려운 모습을 보지 않는다. 보지 않으므로 마음에 두려움 없음을 얻어서 구경에 저 큰 두려

對호대 斷其疑惑하야 無有怯弱이니라

是爲菩薩第一無畏요

佛子야 菩薩摩訶薩이 得如來灌頂無礙辯

才하야 到於一切文字言音으로 開示祕密究竟

彼岸하야 作如是念하나라

設有衆生이 無量無邊하야 從十方來하야 以無

量法으로 而問於我라도 我於彼問에 不見微少

難可答相이니 以不見故로 心得無畏하야 究竟

움 없는 언덕에 이르며, 그 묻는 바를 따라서 모두 능히 대답하여 그 의혹을 끊고 겁약함이 없다.'

이것이 보살의 첫째 두려움 없음이다.

불자들이여, 보살마하살이 여래께서 관정하시는 걸림 없는 변재를 얻어서 일체 글과 말로 비밀을 열어 보이는 구경의 피안에 이르러 이와 같은 생각을 한다.

'설령 한량없고 가없는 중생들이 있어 시방으로부터 와서 한량없는 법으로 나에게 묻더라도, 나는 그 물음에 조금도 답하기 어려운 모습을 보지 않는다. 보지 않으므로 마음에

도피대무외안   수기소문   실능수대
到彼大無畏岸하야 隨其所問하야 悉能酬對호대

단기의혹   무유공구
斷其疑惑하야 無有恐懼니라

시위보살제이무외
是爲菩薩第二無畏요

불자   보살마하살   지일체법공   이아이
佛子야 菩薩摩訶薩이 知一切法空하야 離我離

아소   무작무작자   무지자   무명자
我所하며 無作無作者하며 無知者하며 無命者하며

무양육자   무보가라   이온계처   영출
無養育者하며 無補伽羅하며 離蘊界處하야 永出

제견   심여허공   작여시념
諸見하야 心如虛空하야 作如是念하나니라

불견중생   유미소상   능손뇌아신어의
不見衆生이 有微少相도 能損惱我身語意

두려움 없음을 얻어서 구경에 저 큰 두려움 없는 언덕에 이르며, 그 묻는 바를 따라 모두 능히 대답하여 그 의혹을 끊고 두려움이 없다.'

이것이 보살의 둘째 두려움 없음이다.

불자들이여, 보살마하살이 일체 법이 공함을 알아서 '나'를 여의고 '나의 것'을 여의며, 지음도 없고 짓는 자도 없으며, 아는 자도 없으며, 목숨 있는 자도 없으며, 양육하는 자도 없으며, 보가라도 없으며, 온과 계와 처를 여의어 모든 견해를 길이 벗어나 마음이 허공과 같아서 이와 같은 생각을 한다.

'중생들이 조그마한 모습도 나의 몸과 말과

業이니 何以故오 菩薩이 遠離我我所故로 不見

諸法에 有少性相이니 以不見故로 心得無畏하야

究竟到彼大無畏岸하며 堅固勇猛하야 不可沮

壞니라

是爲菩薩第三無畏요

佛子야 菩薩摩訶薩이 佛力所護와 佛力所持로

住佛威儀하야 所行眞實하야 無有變易하야 作如

是念하니라

뜻의 업을 능히 해치고 괴롭힘이 있음을 보지 않는다. 왜냐하면 보살은 '나'와 '나의 것'을 멀리 여읜 까닭으로 모든 법에 조그만 성품과 모양이 있음을 보지 않는다. 보지 않으므로 마음에 두려움 없음을 얻어서 구경에 저 큰 두려움 없는 언덕에 이르며, 견고하고 용맹하여 무너뜨리지 못한다.'

이것이 보살의 셋째 두려움 없음이다.

불자들이여, 보살마하살이 부처님의 힘으로 보호하신 바와 부처님의 힘으로 가지하신 바로 부처님의 위의에 머물러 행하는 바가 진실하여 변하거나 바뀜이 없어서 이와 같은 생각

아불견유소분위의　　영제중생　　생가책
我不見有少分威儀도 令諸衆生으로 生訶責

상　　이불견고　　심득무외　　어대중중
相이니 以不見故로 心得無畏하야 於大衆中에

안은설법
安隱說法이니라

시위보살제사무외
是爲菩薩第四無畏요

불자　보살마하살　　신어의업　　개실청정
佛子야 菩薩摩訶薩이 身語意業이 皆悉淸淨하야

선백유화　　원리중악　　작여시념
鮮白柔和하야 遠離衆惡하고 作如是念하나니라

아부자견신어의업　　이유소분　　가가책
我不自見身語意業이 而有少分도 可訶責

상　　이불견고　　심득무외　　능령중생
相이니 以不見故로 心得無畏하야 能令衆生으로

을 한다.

'나는 조그만 위의도 모든 중생들로 하여금 꾸짖는 모습을 내게 할 것이 있음을 보지 않는다. 보지 않으므로 마음에 두려움 없음을 얻어서 대중 가운데서 편안하게 법을 설한다.'

이것이 보살의 넷째 두려움 없음이다.

불자들이여, 보살마하살이 몸과 말과 뜻의 업이 모두 다 청정하여 곱고 희고 부드러워서 온갖 악을 멀리 여의고 이와 같은 생각을 한다.

'나는 스스로 몸과 말과 뜻의 업이 조금도 꾸짖을 만한 모습이 있음을 보지 않는다. 보지 않으므로 마음에 두려움 없음을 얻어서 능

주어불법
住於佛法이니라

시위보살제오무외
是爲菩薩第五無畏요

불자　　보살마하살　　금강역사　　천룡야차
佛子야 **菩薩摩訶薩**이 **金剛力士**와 **天龍夜叉**와

건달바　　아수라　　제석범왕　　사천왕등　　상
乾闥婆와 **阿脩羅**와 **帝釋梵王**과 **四天王等**이 **常**

수시위　　일체여래　　호념불사　　보살마하
隨侍衛하며 **一切如來**가 **護念不捨**라 **菩薩摩訶**

살　　작여시념
薩이 **作如是念**하나라

아불견유중마외도　　유견중생　　능래장아
我不見有衆魔外道와 **有見衆生**이 **能來障我**

행보살도　　소분지상　　이불견고　　심득무
行菩薩道를 **少分之相**이니 **以不見故**로 **心得無**

히 중생들로 하여금 부처님의 법에 머무르게 한다.'

이것이 보살의 다섯째 두려움 없음이다.

불자들이여, 보살마하살을 금강역사와 천신과 용과 야차와 건달바와 아수라와 제석과 범왕과 사천왕 등이 항상 따라서 모시고 지키며 일체 여래께서 보호하고 생각하여 버리지 않으시니, 보살마하살이 이와 같은 생각을 한다.

'나는 온갖 마와 외도와 사견 가진 중생들이 능히 와서 나의 보살도 행함을 장애하는 조그만 모습도 있음을 보지 않는다. 보지 않으

畏하야 究竟到彼大無畏岸하며 發歡喜心하야 行

菩薩行이니라

是爲菩薩第六無畏요

佛子야 菩薩摩訶薩이 已得成就第一念根하야

心無忘失하야 佛所悅可라 作如是念하나니라

如來所說成菩提道文字句法을 我不於中에

見有少分忘失之相이니 以不見故로 心得無

畏하야 受持一切如來正法하야 行菩薩行이니라

므로 마음에 두려움 없음을 얻어서 구경에 저 큰 두려움 없는 언덕에 이르며, 환희심을 내어 보살행을 행한다.'

이것이 보살의 여섯째 두려움 없음이다.

불자들이여, 보살마하살이 이미 제일가는 생각의 근본을 성취하여 마음에 잊어버림이 없어서 부처님께서 기뻐하신 바라, 이와 같은 생각을 한다.

'여래께서 설하신 바 보리도를 이루는 문자와 언구의 법을 내가 그 가운데 조금도 잊어버리는 모습이 있음을 보지 않는다. 보지 않으므로 마음에 두려움 없음을 얻어서 일체 여래

시위보살제칠무외
是爲菩薩第七無畏요

불자 보살마하살 지혜방편 실이통달
佛子야 菩薩摩訶薩이 智慧方便을 悉已通達하며

보살제력 개득구경 상근교화일체중
菩薩諸力이 皆得究竟하야 常勤敎化一切衆

생 항이원심 계불보리 이위비민중
生하야 恒以願心으로 繫佛菩提하야 而爲悲愍衆

생고 성취중생고 어번뇌탁세 시현수
生故며 成就衆生故로 於煩惱濁世에 示現受

생 종족존귀 권속원만 소욕종심
生호대 種族尊貴하며 眷屬圓滿하며 所欲從心하며

환오쾌락 이작시념
歡娛快樂하야 而作是念하나니라

아수여차권속취회 불견소상 이가탐착
我雖與此眷屬聚會나 不見少相도 而可貪著하야

의 바른 법을 받아 지니어 보살행을 행한다.'

 이것이 보살의 일곱째 두려움 없음이다.

 불자들이여, 보살마하살이 지혜와 방편을 모두 이미 통달하여 보살의 모든 힘이 다 구경을 얻어서 항상 일체 중생을 부지런히 교화하며 항상 서원하는 마음을 부처님의 보리에 매어두지만 중생들을 가엾게 여기는 까닭이며 중생들을 성취시키려는 까닭으로, 번뇌로 혼탁한 세상에 태어남을 나타내 보이되 종족이 존귀하며 권속이 원만하며 바라는 바가 마음을 좇으며 기뻐하고 즐거워하면서 이 생각을 한다.

폐아수행선정해탈　　 급제삼매　　 총지변재
廢我修行禪定解脫과 及諸三昧와 總持辯才의

보살도법　　　 하이고　　 보살마하살　　 어일체
菩薩道法이니 何以故오 菩薩摩訶薩이 於一切

법　 이득자재　　 도어피안　　 수보살행
法에 已得自在하야 到於彼岸하고 修菩薩行호대

서부단절　　 불견세간　　 유일경계　　 이능혹
誓不斷絕하야 不見世間에 有一境界도 而能惑

란보살도자　 이불견고　 심득무외　　 구경
亂菩薩道者니 以不見故로 心得無畏하야 究竟

도피대무외안　　 이대원력　　 어일체세계
到彼大無畏岸하며 以大願力으로 於一切世界에

시현수생
示現受生이니라

시위보살제팔무외
是爲菩薩第八無畏요

'내가 비록 이 권속들과 더불어 모여 있으나 조그만 모습이라도 탐착하여, 나의 수행하는 선정과 해탈과 그리고 모든 삼매와 총지와 변재의 보살도의 법을 그만둠을 보지 않는다. 왜냐하면 보살마하살이 일체 법에 이미 자재함을 얻어 피안에 이르렀고, 보살행을 닦되 끊어지지 아니함을 서원하여, 세간에서 한 경계라도 능히 보살도를 의혹케 하거나 어지럽게 함이 있는 것을 보지 않는다. 보지 않으므로 마음에 두려움 없음을 얻어서 구경에 저 큰 두려움 없는 언덕에 이르며, 큰 서원의 힘으로 일체 세계에 태어남을 나타내 보인다.'

불자 보살마하살   항불망실살바야심
佛子야 菩薩摩訶薩이 恒不忘失薩婆若心하고

승어대승   행보살행   이일체지대심세
乘於大乘하야 行菩薩行하야 以一切智大心勢

력   시현일체성문독각 적정위의   작
力으로 示現一切聲聞獨覺의 寂靜威儀하고 作

시념언
是念言하니라

아부자견당어이승   이취출리소분지상
我不自見當於二乘하고 而取出離少分之相이니

이불견고   심득무외   도피무상대무외
以不見故로 心得無畏하야 到彼無上大無畏

안   보능시현일체승도   구경만족평등
岸하며 普能示現一切乘道하야 究竟滿足平等

대승
大乘이니라

이것이 보살의 여덟째 두려움 없음이다.

불자들이여, 보살마하살이 항상 살바야 마음을 잊어버리지 않고 대승을 타서 보살행을 행하여, 일체 지혜의 큰 마음 세력으로 일체 성문과 독각의 고요한 위의를 나타내 보이고, 이 생각을 지어 말한다.

'나는 스스로 이승에서 벗어남을 취하는 조그만 모습도 보지 않는다. 보지 않으므로 마음에 두려움 없음을 얻어서 저 위없고 큰 두려움 없는 언덕에 이르며, 일체 승의 길을 널리 능히 나타내 보이되 구경에 평등한 대승을 만족한다.'

시위보살제구무외
是爲菩薩第九無畏요

불자　보살마하살　성취일체제백정법
佛子야 **菩薩摩訶薩**이 **成就一切諸白淨法**하야

구족선근　　원만신통　　구경주어제불보
具足善根하며 **圓滿神通**하야 **究竟住於諸佛菩**

리　　만족일체제보살행　　어제불소　　수
提하며 **滿足一切諸菩薩行**하야 **於諸佛所**에 **受**

일체지관정지기　　이상화중생　　행보살
一切智灌頂之記하고 **而常化衆生**하야 **行菩薩**

도　　작여시념
道하야 **作如是念**하나니라

아부자견유일중생　　응가성숙　　이불능현
我不自見有一衆生도 **應可成熟**에 **而不能現**

제불자재　　이성숙상　　이불견고　　심득
諸佛自在하야 **而成熟相**이니 **以不見故**로 **心得**

이것이 보살의 아홉째 두려움 없음이다.

불자들이여, 보살마하살이 일체 모든 희고 깨끗한 법을 성취하여 선근을 구족하고 신통을 원만히 하여 구경에 모든 부처님의 보리에 머무르며, 일체 모든 보살행을 만족하고 모든 부처님 처소에서 일체 지혜와 관정의 수기를 받고 항상 중생들을 교화하고 보살도를 행하면서, 이와 같은 생각을 한다.

'나는 스스로 한 중생도 마땅히 성숙시킴에 모든 부처님의 자재하심을 능히 나타내어서 성숙시키지 못하는 모습이 있음을 보지 않는다. 보지 않으므로 마음에 두려움 없음을 얻

무외구경도피대무외안부단보살
無畏하야 究竟到彼大無畏岸하며 不斷菩薩

행불사보살원수소응화일체중생
行하고 不捨菩薩願하야 隨所應化一切衆生하야

현불경계이화도지
現佛境界하야 而化度之하나라

시위보살제십무외
是爲菩薩第十無畏니라

불자시위보살마하살십종무외약제
佛子야 是爲菩薩摩訶薩의 十種無畏니 若諸

보살안주차법즉득제불무상대무외
菩薩이 安住此法하면 則得諸佛無上大無畏하며

이역불사보살무외
而亦不捨菩薩無畏니라

어서 구경에 저 큰 두려움 없는 언덕에 이르며, 보살행을 끊지 않고 보살의 원을 버리지 아니하여 마땅히 교화할 바 일체 중생을 따라서 부처님의 경계를 나타내어 그들을 교화하여 제도한다.'

이것이 보살의 열째 두려움 없음이다.

불자들이여, 이것이 보살마하살의 열 가지 두려움 없음이다. 만약 모든 보살들이 이 법에 편안히 머무르면 곧 모든 부처님의 위없는 큰 두려움 없음을 얻으며 또한 보살의 두려움 없음을 버리지 아니한다.

불자　보살마하살　　　유십종불공법
佛子야 菩薩摩訶薩이 有十種不共法하니라

하등　위십
何等이 爲十고

불자　보살마하살　　불유타교　　자연수행
佛子야 菩薩摩訶薩이 不由他敎하고 自然修行

육바라밀
六波羅蜜하나니라

상락대시　　　불생간린　　　항지정계　　　무소
常樂大施하야 不生慳吝하며 恒持淨戒하야 無所

훼범　　구족인욕　　　심부동요　　　유대정
毁犯하며 具足忍辱하야 心不動搖하며 有大精

진　　미증퇴전　　　선입제선　　　영무산란
進하야 未曾退轉하며 善入諸禪하야 永無散亂하며

교수지혜　　　실제악견
巧修智慧하야 悉除惡見이니라

불자들이여, 보살마하살이 열 가지 함께하지 않는 법이 있다.

무엇이 열인가?

불자들이여, 보살마하살이 다른 이의 가르침을 말미암지 않고 자연히 육바라밀을 닦아 행한다.

항상 크게 보시함을 즐겨하여 아끼는 생각을 내지 않으며, 항상 깨끗한 계를 지니어 범하는 바가 없으며, 인욕을 구족하여 마음이 흔들리지 않으며, 크게 정진함이 있어서 일찍이 물러나지 않으며, 모든 선정에 잘 들어가서 영원히 산란함이 없으며, 지혜를 교묘하게 닦아서 나

시위제일불유타교 수순바라밀도 수
是爲第一不由他敎하고 隨順波羅蜜道하야 修

육도불공법
六度不共法이요

불자 보살마하살 보능섭수일체중생
佛子야 菩薩摩訶薩이 普能攝受一切衆生하나니

소위이재급법 이행혜시 정념현전
所謂以財及法으로 而行惠施호대 正念現前하며

화안애어 기심환희 시여실의 영
和顔愛語로 其心歡喜하며 示如實義하야 令

득오해제불보리 무유증혐 평등이
得悟解諸佛菩提하며 無有憎嫌하야 平等利

익
益이니라

시위제이불유타교 순사섭도 근섭중
是爲第二不由他敎하고 順四攝道하야 勤攝衆

쁜 소견을 모두 없앤다.

 이것이 첫째 다른 이의 가르침을 말미암지 않고 바라밀의 도를 수순하여 육바라밀을 닦아 행하는 함께하지 않는 법이다.

 불자들이여, 보살마하살이 널리 일체 중생을 능히 거두어 준다. 이른바 재물과 법으로써 보시를 행하되 바른 생각이 앞에 나타나며, 온화한 얼굴과 사랑스러운 말로 그 마음이 환희하며, 사실과 같은 이치를 보여 모든 부처님의 보리를 깨달아 알게 하며, 미워하고 싫어함이 없어서 평등히 이익하게 한다.

 이것이 둘째 다른 이의 가르침을 말미암지 않

생불공법
生不共法이요

불자 보살마하살 선교회향 소위불
佛子야 菩薩摩訶薩이 善巧迴向하나니 所謂不

구과보회향 순불보리회향 불착일체세
求果報迴向과 順佛菩提迴向과 不著一切世

간선정삼매회향 위이익일체중생회향
間禪定三昧迴向과 爲利益一切衆生迴向과

위부단여래지혜회향
爲不斷如來智慧迴向이니라

시위제삼불유타교 위제중생 발기선
是爲第三不由他教하고 爲諸衆生하야 發起善

근 구불지혜불공법
根하야 求佛智慧不共法이요

불자 보살마하살 도선교방편구경피안
佛子야 菩薩摩訶薩이 到善巧方便究竟彼岸하야

고 네 가지 거두어 주는 도를 따라 부지런히 중생들을 거두어 주는 함께하지 않는 법이다.

불자들이여, 보살마하살이 교묘하게 회향한다. 이른바 과보를 구하지 않는 회향과, 부처님의 보리를 수순하는 회향과, 일체 세간의 선정과 삼매에 집착하지 않는 회향과, 일체 중생을 이익하게 하는 회향과, 여래의 지혜를 끊지 않기 위한 회향이다.

이것이 셋째 다른 이의 가르침을 말미암지 않고 모든 중생들을 위하여 선근을 일으켜서 부처님의 지혜를 구하는 함께하지 않는 법이다.

불자들이여, 보살마하살이 매우 교묘한 방편

심항고부일체중생　　　불염세속범우경계
心恒顧復一切眾生하야 **不厭世俗凡愚境界**하며

불락이승출리지도
不樂二乘出離之道하나라

불착기락　　유근화도　　선능입출선정해
不著己樂하고 **唯勤化度**호대 **善能入出禪定解**

탈　　어제삼매　　실득자재　　왕래생사
脫하야 **於諸三昧**에 **悉得自在**하며 **往來生死**를

여유원관　　미증잠기피염지심
如遊園觀하야 **未曾暫起疲厭之心**하나라

혹주마궁　　혹위석천범왕세주　　일체생
或住魔宮하고 **或爲釋天梵王世主**하야 **一切生**

처　미불어중　이현기신
處에 **靡不於中**에 **而現其身**하나라

혹어외도중중출가　　이항원리일체사견
或於外道眾中出家호대 **而恒遠離一切邪見**하며

으로 구경의 피안에 이르되 마음은 항상 일체 중생을 다시 돌아보고, 세속 범부의 어리석은 경계를 싫어하지 아니하며, 이승의 벗어나는 길을 좋아하지 않는다.

 자기의 즐거움에 집착하지 않고 오직 부지런히 교화하고 제도하되 선정과 해탈에 잘 능히 들어가고 나와서 모든 삼매에 모두 자재함을 얻으며, 생사에 왕래하기를 마치 공원에서 노니는 듯하여 일찍이 잠깐도 피로해하거나 싫어하는 마음을 일으키지 아니하였다.

 혹은 마의 궁전에 머무르고 혹은 제석천이나 범왕이나 세간의 주인이 되어 일체 태어나는 곳

일체세간문사주술자인산수   내지유희가
一切世間文詞呪術字印筭數와 乃至遊戲歌

무지법   실개시현   무부정교
舞之法을 悉皆示現하야 無不精巧하나라

혹시시작단정부인   지혜재능   세중제
或時示作端正婦人하야 智慧才能이 世中第

일   어제세간출세간법   능문능설   문
一이며 於諸世間出世間法에 能問能說하야 問

답단의   개득구경   일체세간출세간
答斷疑하야 皆得究竟하며 一切世間出世間

사   역실통달   도어피안   일체중생
事를 亦悉通達하고 到於彼岸하야 一切衆生이

항래첨앙
恒來瞻仰하나라

수현성문벽지불위의   이불실대승심   수
雖現聲聞辟支佛威儀나 而不失大乘心하며 雖

에서 그 가운데 그 몸을 나타내지 않음이 없다.

혹은 외도 무리 가운데 출가하되 항상 일체 삿된 소견을 멀리 여의며, 일체 세간의 글과 주술과 글자와 도장과 산수와 내지 유희하고 노래하고 춤추는 법을 모두 다 나타내 보이되 정교하지 않음이 없다.

혹 어떤 때는 단정한 부인이 되어 지혜와 재능이 세상에서 제일임을 보이며, 모든 세간과 출세간법을 능히 묻고 능히 말하여 문답으로 의심을 끊어서 다 구경을 얻으며, 일체 세간과 출세간의 일을 또한 모두 통달하여 피안에 이르러서 일체 중생이 항상 와서 우러러본다.

念念中에 示成正覺이나 而不斷菩薩行이니라

是爲第四不由他敎하고 方便善巧로 究竟彼岸

不共法이요

佛子야 菩薩摩訶薩이 善知權實雙行道하야 智

慧自在하야 到於究竟하나니라

所謂住於涅槃호대 而示現生死하며 知無衆生호대

而勤行敎化하며 究竟寂滅호대 而現起煩惱하며

住一堅密智慧法身호대 而普現無量諸衆生

비록 성문이나 벽지불의 위의를 나타내지만 대승의 마음을 잃지 않으며, 비록 생각생각에 바른 깨달음 이룸을 보이나 보살행을 끊지 아니한다.

이것이 넷째 다른 이의 가르침을 말미암지 않고 방편으로 교묘하게 끝까지 피안에 이르는 함께하지 않는 법이다.

불자들이여, 보살마하살이 방편과 실제를 쌍으로 행하는 길을 잘 알아서 지혜가 자재하여 구경에 이른다.

이른바 열반에 머무르되 생사를 나타내 보이며, 중생이 없음을 알되 부지런히 교화를 행

신
身하니라

　　상입심선정　　　이시수욕락　　　상원리삼계
　　常入深禪定호대 而示受欲樂하며 常遠離三界호대

　　이불사중생　　　상락법락　　　이현유채녀
　　而不捨衆生하며 常樂法樂호대 而現有采女의

가영희희
歌詠嬉戱하니라

　　수이중상호　　장엄기신　　　이시수추루빈천
　　雖以衆相好로 莊嚴其身이나 而示受醜陋貧賤

　　지형　　　상적집중선　　　무제과악　　이현생
　　之形하며 常積集衆善하야 無諸過惡호대 而現生

지옥축생아귀
地獄畜生餓鬼하니라

　　수이도어불지피안　　　이역불사보살지
　　雖已到於佛智彼岸이나 而亦不捨菩薩智

하며, 끝까지 고요하되 번뇌 일으킴을 나타내며, 한결같이 굳고 빈틈없는 지혜의 법신에 머무르되 한량없는 모든 중생들의 몸을 널리 나타낸다.

항상 깊은 선정에 들어 있되 욕락 받음을 보이며, 항상 삼계를 멀리 여의되 중생들을 버리지 않으며, 항상 법의 즐거움을 즐기되 채녀들이 있어 노래하고 유희함을 나타낸다.

비록 온갖 상호로 그 몸을 장엄하되 누추하고 빈천한 형상 받음을 보이며, 항상 온갖 착한 일을 쌓고 모아 모든 허물이 없되 지옥과 축생과 아귀에 태어남을 나타낸다.

신
身이니라

보살마하살   성취여시무량지혜   성문독
菩薩摩訶薩이 成就如是無量智慧에 聲聞獨

각   상불능지   하황일체동몽중생
覺도 尙不能知어든 何況一切童蒙衆生가

시위제오불유타교   권실쌍행불공법
是爲第五不由他敎하고 權實雙行不共法이요

불자   보살마하살   신구의업   수지혜행
佛子야 菩薩摩訶薩이 身口意業이 隨智慧行하야

개실청정   소위구족대자   영리살심
皆悉淸淨하나니 所謂具足大慈하야 永離殺心하며

내지구족정해   무유사견
乃至具足正解하야 無有邪見이니라

시위제육불유타교   신구의업   수지혜행
是爲第六不由他敎하고 身口意業이 隨智慧行

비록 이미 부처님 지혜의 피안에 이르렀으나 또한 보살의 지혜 몸을 버리지 않는다.

보살마하살이 이와 같은 한량없는 지혜를 성취함을 성문과 독각도 오히려 알 수 없는데, 어찌 하물며 일체 어리석은 중생들이겠는가?

이것이 다섯째 다른 이의 가르침을 말미암지 않고 방편과 실제를 쌍으로 행하는 함께하지 않는 법이다.

불자들이여, 보살마하살이 몸과 입과 뜻의 업이 지혜의 행을 따라 모두 다 청정하다. 이른바 대자를 갖추어 죽이려는 마음을 영원히 여의었으며, 내지 바른 지해를 갖추어 삿된 소견이 없다.

불공법
不共法이요

불자 보살마하살 구족대비 불사중
佛子야 菩薩摩訶薩이 具足大悲하야 不捨衆

생 대일체중생 이수제고 소위지
生하고 代一切衆生하야 而受諸苦하나니 所謂地

옥고 축생고 아귀고 위이익고 불생로
獄苦와 畜生苦와 餓鬼苦니 爲利益故로 不生勞

권 유전도탈일체중생 미증탐염오욕
倦하고 唯專度脫一切衆生호대 未曾耽染五欲

경계 상위정근 멸제중고
境界하고 常爲精勤하야 滅除衆苦니라

시위제칠불유타교 상기대비불공법
是爲第七不由他敎하고 常起大悲不共法이요

불자 보살마하살 상위중생지소락견
佛子야 菩薩摩訶薩이 常爲衆生之所樂見인

이것이 여섯째 다른 이의 가르침을 말미암지 않고 몸과 입과 뜻의 업이 지혜의 행을 따르는 함께하지 않는 법이다.

불자들이여, 보살마하살이 대비를 갖추어 중생들을 버리지 않고 일체 중생을 대신하여 모든 괴로움을 받는다. 이른바 지옥의 괴로움과 축생의 괴로움과 아귀의 괴로움이다. 이익하게 하기 위한 까닭으로 힘들어하거나 게으름을 피우지 않으며, 다만 오로지 일체 중생을 제도하고 해탈시키되 일찍이 오욕의 경계에 탐하여 물들지 아니하고 항상 부지런히 정진하여 온갖 괴로움을 멸하여 없앤다.

범왕제석사천왕등 　　일체중생　　견무염
梵王帝釋四天王等하야 **一切衆生**이 **見無厭**

족
足하나니라

하이고　　보살마하살　　구원세래　　행업
何以故오 **菩薩摩訶薩**이 **久遠世來**로 **行業**

청정　　　무유과실　　시고중생　　견자무
清淨하야 **無有過失**일새 **是故衆生**이 **見者無**

염
厭이니라

시위제팔불유타교　　일체중생　　개실락견
是爲第八不由他敎하고 **一切衆生**이 **皆悉樂見**

불공법
不共法이요

불자　　보살마하살　　어살바야대서장엄
佛子야 **菩薩摩訶薩**이 **於薩婆若大誓莊嚴**에

이것이 일곱째 다른 이의 가르침을 말미암지 않고 항상 대비를 일으키는 함께하지 않는 법이다.

불자들이여, 보살마하살이 항상 중생들이 즐겨 보는 바인 범왕과 제석과 사천왕 등이 되어 일체 중생이 봄에 만족해 싫어하지 않는다. 왜냐하면 보살마하살이 멀고 오랜 세상으로부터 행하는 업이 청정하여 과실이 없다. 그러므로 중생들이 보는 자가 싫어함이 없다.

이것이 여덟째 다른 이의 가르침을 말미암지 않고 일체 중생이 모두 다 보기를 즐겨하는 함께하지 않는 법이다.

불자들이여, 보살마하살이 살바야를 큰 서

지락견고　　수처범부성문독각험난지처
志樂堅固하야 **雖處凡夫聲聞獨覺險難之處**나

종불퇴실일체지심명정묘보
終不退失一切智心明淨妙寶하나니라

불자　　여유보주　　　명정장엄　　치니로중
佛子야 **如有寶珠**하니 **名淨莊嚴**이라 **置泥潦中**호대

광색불개　　능령탁수　　실개징정
光色不改하고 **能令濁水**로 **悉皆澄淨**인달하니라

보살마하살　　역부여시　　　수재범우잡탁등
菩薩摩訶薩도 **亦復如是**하야 **雖在凡愚雜濁等**

처　　종불실괴구일체지청정보심　　　이능령
處나 **終不失壞求一切智清淨寶心**하야 **而能令**

피제악중생　　　원리망견번뇌예탁　　　득구
彼諸惡衆生으로 **遠離妄見煩惱穢濁**하고 **得求**

일체지청정심보
一切智清淨心寶니라

원으로 장엄함에 즐겨하는 뜻이 견고하여 비록 범부와 성문과 독각의 험난한 곳에 있어도, 마침내 일체 지혜의 마음이 밝고 깨끗한 미묘한 보배를 잃어버리지 않는다.

불자들이여, 마치 보배 구슬이 있으니 이름이 '깨끗한 장엄'이라, 진흙 속에 두어도 빛이 변하지 않고 능히 탁한 물로 하여금 모두 다 맑고 깨끗하게 하는 것과 같다.

보살마하살도 또한 다시 이와 같아서 비록 어리석은 범부의 섞이어 혼탁한 등의 곳에 있어도 마침내 일체지를 구하는 청정한 보배 마음을 잃지 아니하여, 능히 저 모든 악한 중생

시위제구불유타교 재중난처 불실일
是爲第九不由他敎하고 在衆難處하야 不失一

체지심보불공법
切智心寶不共法이요

불자 보살마하살 성취자각경계지 무사
佛子야 菩薩摩訶薩이 成就自覺境界智에 無師

자오 구경자재 도어피안 이구법
自悟하야 究竟自在하야 到於彼岸하고 離垢法

증 이관기수 이어선우 불사친근
繒으로 以冠其首하야 而於善友에 不捨親近하며

어제여래 상락존중
於諸如來에 常樂尊重이니라

시위제십불유타교 득최상법 불리선
是爲第十不由他敎하고 得最上法하야 不離善

지식 불사존중불불공법
知識하며 不捨尊重佛不共法이니라

들로 하여금 허망한 소견과 번뇌의 더럽고 혼탁함을 멀리 여의고 일체지를 구하는 청정한 마음의 보배를 얻게 한다.

이것이 아홉째 다른 이의 가르침을 말미암지 않고 온갖 어려운 곳에 있어도 일체 지혜의 마음 보배를 잃지 않는 함께하지 않는 법이다.

불자들이여, 보살마하살이 스스로 깨닫는 경계의 지혜를 성취하여, 스승 없이 스스로 깨닫고 끝까지 자재하여 피안에 이르며, 때를 여읜 법 비단을 그 머리에 쓰고 착한 벗을 버리지 않고 가까이하며, 모든 여래를 항상 즐겨 존중한다.

불자 시위보살마하살 십종불공법 약
佛子야 是爲菩薩摩訶薩의 十種不共法이니 若

제보살 안주기중 즉득여래무상광대불
諸菩薩이 安住其中하면 則得如來無上廣大不

공법
共法이니라

불자 보살마하살 유십종업
佛子야 菩薩摩訶薩이 有十種業하니라

하등 위십
何等이 爲十고

소위일체세계업 실능엄정고 일체제불
所謂一切世界業이니 悉能嚴淨故며 一切諸佛

업 실능공양고 일체보살업 동종선
業이니 悉能供養故며 一切菩薩業이니 同種善

이것이 열째 다른 이의 가르침을 말미암지 않고 최상의 법을 얻어서 선지식을 떠나지 않으며 부처님을 버리지 않고 존중하는 함께하지 않는 법이다.

불자들이여, 이것이 보살마하살의 열 가지 함께하지 않는 법이다. 만약 모든 보살들이 그 가운데 편안히 머무르면 곧 여래의 위없는 광대한 함께하지 않는 법을 얻는다.

불자들이여, 보살마하살이 열 가지 업이 있다. 무엇이 열인가?

이른바 일체 세계의 업이니 모두 능히 깨끗

根^故며 一切衆生業이니 悉能敎化故니라

一切未來業이니 盡未來際攝取故며 一切神力業이니 不離一世界하고 徧至一切世界故며 一切光明業이니 放無邊色光明하야 一一光中에 有蓮華座어든 各有菩薩이 結跏趺坐하야 而顯現故니라

一切三寶種不斷業이니 諸佛滅後에 守護住持 諸佛法故며 一切變化業이니 於一切世界에 說

하게 장엄하는 까닭이며, 일체 모든 부처님의 업이니 모두 능히 공양올리는 까닭이며, 일체 보살의 업이니 선근을 함께 심는 까닭이며, 일체 중생의 업이니 모두 능히 교화하는 까닭이다.

일체 미래의 업이니 미래제가 다하도록 거두어 취하는 까닭이며, 일체 위신력의 업이니 한 세계를 떠나지 않고 일체 세계에 두루 이르는 까닭이며, 일체 광명의 업이니 가없는 색의 광명을 놓아서 낱낱 광명 가운데 연꽃 자리가 있고 각각 보살들이 결가부좌하고 있음을 나타내는 까닭이다.

법교화제중생고 　　일체가지업　　　어일념
法敎化諸衆生故며 **一切加持業**이니 **於一念**

중　　수제중생심지소욕　　　개위시현　　　영
中에 **隨諸衆生心之所欲**하야 **皆爲示現**하야 **令**

일체원　　실성만고
一切願으로 **悉成滿故**니라

시위십
是爲十이니라

약제보살　안주차법　　즉득여래무상광대
若諸菩薩이 **安住此法**하면 **則得如來無上廣大**

업
業이니라

불자　보살마하살　　유십종신
佛子야 **菩薩摩訶薩**이 **有十種身**하니라

일체 삼보의 종자가 끊어지지 않는 업이니 모든 부처님께서 입멸하신 후에 모든 부처님의 법을 수호하고 머물러 지니는 까닭이며, 일체 변화의 업이니 일체 세계에서 법을 설하여 모든 중생들을 교화하는 까닭이며, 일체 가지하는 업이니 한 생각 동안에 모든 중생들의 마음에 하고자 하는 바를 따라서 다 나타내 보여 일체 원을 모두 원만히 이루게 하는 까닭이다.

이것이 열이다.

만약 모든 보살들이 이 법에 편안히 머무르면 곧 여래의 위없는 광대한 업을 얻는다.

하등　위십
何等이 爲十고

소위불래신　　어일체세간　　불수생고　　불
所謂不來身이니 於一切世間에 不受生故며 不

거신　　어일체세간　　구부득고　　불실신
去身이니 於一切世間에 求不得故며 不實身이니

일체세간　　여실득고　　불허신　　이여실리
一切世間에 如實得故며 不虛身이니 以如實理로

시세간고
示世間故니라

부진신　　진미래제　　무단절고　　견고신
不盡身이니 盡未來際토록 無斷絶故며 堅固身이니

일체중마　　불능괴고　　부동신　　중마외도
一切衆魔가 不能壞故며 不動身이니 衆魔外道가

불능동고
不能動故니라

불자들이여, 보살마하살이 열 가지 몸이 있다.

무엇이 열인가?

이른바 오지 않는 몸이니 일체 세간에 태어나지 않는 까닭이며, 가지 않는 몸이니 일체 세간에서 구해도 얻지 못하는 까닭이며, 실답지 않은 몸이니 일체 세간에서 사실대로 얻는 까닭이며, 헛되지 않은 몸이니 사실과 같은 이치로 세간에 보이는 까닭이다.

다하지 않는 몸이니 미래제가 다하도록 끊어지지 않는 까닭이며, 견고한 몸이니 일체 온갖 마가 무너뜨릴 수 없는 까닭이며, 움직이지 않

구상신　　　시현청정백복상고　　무상신
具相身이니 **示現淸淨百福相故**며 **無相身**이니

법상구경　　　실무상고　　　보지신　　　여삼세
法相究竟하야 **悉無相故**며 **普至身**이니 **與三世**

불　동일신고
佛로 **同一身故**니라

시위십
是爲十이니라

약제보살　　안주차법　　즉득여래무상무진
若諸菩薩이 **安住此法**하면 **則得如來無上無盡**

지신
之身이니라

는 몸이니 온갖 마와 외도들이 흔들 수 없는 까닭이다.

상호를 구족한 몸이니 청정한 백 가지 복된 모습을 나타내 보이는 까닭이며, 형상이 없는 몸이니 법의 모양이 구경에 모두 형상이 없는 까닭이며, 널리 이르는 몸이니 삼세 부처님과 더불어 동일한 몸인 까닭이다.

이것이 열이다.

만약 모든 보살들이 이 법에 편안히 머무르면 곧 여래의 위없는 다함없는 몸을 얻는다.

불자 보살마하살 유십종신업
佛子야 菩薩摩訶薩이 有十種身業하니라

하등 위십
何等이 爲十고

소위일신 충만일체세계신업 어일체중
所謂一身이 充滿一切世界身業과 於一切衆

생전 실능시현신업 어일체취 실능수생
生前에 悉能示現身業과 於一切趣에 悉能受生

신업 유행일체세계신업
身業과 遊行一切世界身業이니라

왕예일체제불중회신업 능이일수 보부
往詣一切諸佛衆會身業과 能以一手로 普覆

일체세계신업 능이일수 마일체세계금
一切世界身業과 能以一手로 磨一切世界金

강위산 쇄여미진신업
剛圍山하야 碎如微塵身業이니라

불자들이여, 보살마하살이 열 가지 몸의 업이 있다.

무엇이 열인가?

이른바 한 몸이 일체 세계에 가득한 몸의 업과, 일체 중생의 앞에 모두 능히 나타내 보이는 몸의 업과, 일체 갈래에 모두 능히 태어나는 몸의 업과, 일체 세계에 노니는 몸의 업이다.

일체 모든 부처님의 대중모임에 나아가는 몸의 업과, 능히 한 손으로 일체 세계를 널리 덮는 몸의 업과, 능히 한 손으로 일체 세계의 금강위산을 갈아서 미진같이 부수는 몸의 업

於自身中에 現一切佛刹成壞하야 示於衆生身

業과 以一身으로 容受一切衆生界身業과 於自

身中에 普現一切淸淨佛刹하야 一切衆生이 於

中成道身業이니라

是爲十이니라

若諸菩薩이 安住此法하면 則得如來無上佛

業하야 悉能覺悟一切衆生이니라

이다.

　자기 몸 속에 일체 부처님 세계가 이루어지고 무너짐을 나타내어 중생들에게 보이는 몸의 업과, 한 몸으로 일체 중생의 세계를 받아들이는 몸의 업과, 자기 몸 속에 일체 청정한 부처님 세계를 널리 나타내어 일체 중생이 그 가운데서 도를 이루는 몸의 업이다.

　이것이 열이다.

　만약 모든 보살들이 이 법에 편안히 머무르면 곧 여래의 위없는 부처님의 업을 얻어 모두 능히 일체 중생을 깨우친다.

불자　보살마하살　부유십종신
佛子야 **菩薩摩訶薩**이 **復有十種身**하니라

하등　위십
何等이 **爲十**고

소위제바라밀신　　실정수행고　사섭신
所謂諸波羅蜜身이니 **悉正修行故**며 **四攝身**이니

불사일체중생고　　대비신　　대일체중생
不捨一切衆生故며 **大悲身**이니 **代一切衆生**하야

수무량고　　무피염고　　대자신　　구호일체
受無量苦호대 **無疲厭故**며 **大慈身**이니 **救護一切**

중생고
衆生故니라

복덕신　　요익일체중생고　　지혜신　　　여
福德身이니 **饒益一切衆生故**며 **智慧身**이니 **與**

일체불신　　동일성고　　법신　　영리제취
一切佛身으로 **同一性故**며 **法身**이니 **永離諸趣**

불자들이여, 보살마하살이 다시 열 가지 몸이 있다.

무엇이 열인가?

이른바 모든 바라밀의 몸이니 모두 바르게 수행하는 까닭이며, 네 가지 거두어 주는 몸이니 일체 중생을 버리지 않는 까닭이며, 대비의 몸이니 일체 중생을 대신하여 한량없는 괴로움을 받으면서도 피로해하거나 싫어함이 없는 까닭이며, 대자의 몸이니 일체 중생을 구호하는 까닭이다.

복덕의 몸이니 일체 중생을 요익하게 하는 까닭이며, 지혜의 몸이니 일체 부처님의 몸과

수생고
受生故니라

방편신 　어일체처　 현전고　 신력신　 시
方便身이니 **於一切處**에 **現前故**며 **神力身**이니 **示**

현일체신변고　 보리신　 수락수시　 　성
現一切神變故며 **菩提身**이니 **隨樂隨時**하야 **成**

정각고
正覺故니라

시위십
是爲十이니라

약제보살　 안주차법　 　즉득여래무상대지
若諸菩薩이 **安住此法**하면 **則得如來無上大智**

혜신
慧身이니라

동일한 성품인 까닭이며, 법의 몸이니 모든 갈래에 태어남을 길이 여윈 까닭이다.

　방편의 몸이니 일체 처에서 앞에 나타나는 까닭이며, 위신력의 몸이니 일체 신통 변화를 나타내 보이는 까닭이며, 보리의 몸이니 좋아함을 따르고 때를 따라 바른 깨달음을 이루는 까닭이다.

　이것이 열이다.

　만약 모든 보살들이 이 법에 편안히 머무르면 곧 여래의 위없는 큰 지혜의 몸을 얻는다.

불자 보살마하살 유십종어
佛子야 菩薩摩訶薩이 有十種語하니라

하등 위십
何等이 爲十고

소위유연어 사일체중생   개안은고   감
所謂柔軟語니 使一切衆生으로 皆安隱故며 甘

로어 영일체중생   실청량고 불광어
露語니 令一切衆生으로 悉淸涼故며 不誑語니

소유언설 개여실고 진실어 내지몽중
所有言說이 皆如實故며 眞實語니 乃至夢中에도

무망어고
無妄語故니라

광대어 일체석범사천왕등 개존경고 심
廣大語니 一切釋梵四天王等이 皆尊敬故며 甚

심어 현시법성고 견고어 설법무진고
深語니 顯示法性故며 堅固語니 說法無盡故니라

불자들이여, 보살마하살이 열 가지 말이 있다.

무엇이 열인가?

이른바 부드러운 말이니 일체 중생으로 하여금 다 편안하게 하는 까닭이며, 감로의 말이니 일체 중생으로 하여금 모두 시원하게 하는 까닭이며, 속이지 않는 말이니 있는 바 말이 모두 사실과 같은 까닭이며, 진실한 말이니 내지 꿈속에서도 허망한 말이 없는 까닭이다.

넓고 큰 말이니 일체 제석과 범천과 사천왕 등이 다 존경하는 까닭이며, 매우 깊은 말이니 법의 성품을 나타내 보이는 까닭이며, 견고

정직어　발언이료고　　종종어　수시시현고
正直語니 發言易了故며 種種語니 隨時示現故며

개오일체중생어　수기욕락　　영해료고
開悟一切衆生語니 隨其欲樂하야 令解了故니라

시위십
是爲十이니라

약제보살　안주차법　즉득여래무상미묘
若諸菩薩이 安住此法하면 則得如來無上微妙

어
語니라

불자　보살마하살　유십종정수어업
佛子야 菩薩摩訶薩이 有十種淨修語業하나라

하등　위십
何等이 爲十고

한 말이니 법을 설함이 다함없는 까닭이다.

정직한 말이니 말하는 것이 알기 쉬운 까닭이며, 갖가지 말이니 때를 따라 나타내 보이는 까닭이며, 일체 중생을 깨우치는 말이니 그들의 욕락을 따라 밝게 알게 하는 까닭이다.

이것이 열이다.

만약 모든 보살들이 이 법에 편안히 머무르면 곧 여래의 위없이 미묘한 말을 얻는다.

불자들이여, 보살마하살이 열 가지 말의 업을 깨끗이 닦음이 있다.

무엇이 열인가?

소위낙청문여래음성   정수어업   낙문
所謂樂聽聞如來音聲하야 淨修語業하며 樂聞

설보살공덕   정수어업
說菩薩功德하야 淨修語業하니라

불설일체중생   불락문어   정수어업
不說一切衆生의 不樂聞語하야 淨修語業하며

진실원리어사과실   정수어업
眞實遠離語四過失하야 淨修語業하니라

환희용약   찬탄여래   정수어업   여래
歡喜踊躍하고 讚歎如來하야 淨修語業하며 如來

탑소   고성찬불여실공덕   정수어업
塔所에 高聲讚佛如實功德하야 淨修語業하니라

이심정심   시중생법   정수어업   음악
以深淨心으로 施衆生法하야 淨修語業하며 音樂

가송   찬탄여래   정수어업
歌頌으로 讚歎如來하야 淨修語業하니라

이른바 여래의 음성을 듣기 즐겨하여 말의 업을 깨끗이 닦으며, 보살의 공덕 설함을 듣기 즐겨하여 말의 업을 깨끗이 닦는다.

일체 중생이 듣기 즐겨하지 않는 말을 말하지 아니하여 말의 업을 깨끗이 닦으며, 진실하게 말의 네 가지 허물을 멀리 여의어 말의 업을 깨끗이 닦는다.

환희롭게 뛰면서 여래를 찬탄하여 말의 업을 깨끗이 닦으며, 여래 탑의 처소에서 높은 소리로 부처님의 여실한 공덕을 찬탄하여 말의 업을 깨끗이 닦는다.

매우 청정한 마음으로 중생들에게 법을 보시

어제불소　청문정법　　불석신명　　정수
於諸佛所에 聽聞正法하고 不惜身命하야 淨修

어업　　사신승사일체보살　급제법사
語業하며 捨身承事一切菩薩과 及諸法師하고

이수묘법　　정수어업
而受妙法하야 淨修語業이니라

시 위 십
是爲十이니라

불자　약보살마하살　이차십사　정수어
佛子야 若菩薩摩訶薩이 以此十事로 淨修語

업　　즉득십종수호
業하면 則得十種守護하나니라

하등　위십
何等이 爲十고

하여 말의 업을 깨끗이 닦으며, 음악과 노래로 여래를 찬탄하여 말의 업을 깨끗이 닦는다.

　모든 부처님의 처소에서 바른 법을 듣고 몸과 목숨을 아끼지 아니하여 말의 업을 깨끗이 닦으며, 일체 보살과 모든 법사들에게 몸을 바쳐 받들어 섬기고 묘한 법을 받아서 말의 업을 깨끗이 닦는다.

　이것이 열이다.

　불자들이여, 만약 보살마하살이 이 열 가지 일로써 말의 업을 깨끗하게 닦으면 곧 열 가지 수호함을 얻는다.

소위천왕위수　　　일체천중　　이위수호
所謂天王爲首하야 **一切天衆**이 **而爲守護**하며

용왕위수　　　일체용중　　이위수호
龍王爲首하야 **一切龍衆**이 **而爲守護**하나라

야차왕위수　　　건달바왕위수　　　아수라왕
夜叉王爲首하고 **乾闥婆王爲首**하고 **阿脩羅王**

위수　　가루라왕위수　　　긴나라왕위수
爲首하고 **迦樓羅王爲首**하고 **緊那羅王爲首**하고

마후라가왕위수　　　범왕위수　　일일개여
摩睺羅伽王爲首하고 **梵王爲首**하야 **一一皆與**

자기도중　　이위수호　　　여래법왕위수
自己徒衆으로 **而爲守護**하나라 **如來法王爲首**하야

일체법사　개실수호
一切法師가 **皆悉守護**니라

시위십
是爲十이니라

무엇이 열인가?

이른바 천왕이 상수가 되어 일체 천상의 대중들이 수호하며, 용왕이 상수가 되어 일체 용의 대중들이 수호한다.

야차왕이 상수가 되고, 건달바왕이 상수가 되고, 아수라왕이 상수가 되고, 가루라왕이 상수가 되고, 긴나라왕이 상수가 되고, 마후라가왕이 상수가 되고, 범왕이 상수가 되어, 낱낱이 다 자기 대중들과 함께 수호한다. 여래 법왕이 상수가 되어 일체 법사가 모두 다 수호한다.

이것이 열이다.

불자 보살마하살 득차수호이 즉능성판
佛子야 菩薩摩訶薩이 得此守護已에 則能成辨

십종대사
十種大事하나니라

하등 위십
何等이 爲十고

소위일체중생 개령환희 일체세계 실
所謂一切衆生을 皆令歡喜하며 一切世界에 悉

능왕예 일체제근 개능요지 일체승
能往詣하며 一切諸根을 皆能了知하며 一切勝

해 실령청정
解를 悉令淸淨하나니라

일체번뇌 개령제단 일체습기 개령사
一切煩惱를 皆令除斷하며 一切習氣를 皆令捨

리 일체욕락 개령명결
離하며 一切欲樂을 皆令明潔하나니라

불자들이여, 보살마하살이 이 수호함을 얻고는 곧 능히 열 가지 큰 일을 갖추어 이룬다.

무엇이 열인가?

이른바 일체 중생을 다 환희하게 하며, 일체 세계에 다 능히 나아가며, 일체 모든 근기를 다 능히 밝게 알며, 일체 수승한 지혜를 모두 청정하게 한다.

일체 번뇌를 다 끊어 없애게 하며, 일체 습기를 다 버려 여의게 하며, 일체 욕락을 다 밝고 깨끗하게 한다.

일체 깊은 마음을 모두 증장하게 하며, 일체 법계에 모두 두루하게 하며, 일체 열반을 널리

一切심심　　실사증장　　　일체법계　　실령주
一切深心을 悉使增長하며 一切法界에 悉令周

변　　일체열반　　보령명견
徧하며 一切涅槃에 普令明見이니라

시위십
是爲十이니라

불자　보살마하살　　유십종심
佛子야 菩薩摩訶薩이 有十種心하나라

하등　위십
何等이 爲十고

소위여대지심　　　능지능장일체중생　　제선
所謂如大地心이니 能持能長一切衆生의 諸善

근고　여대해심　　　일체제불　　무량무변
根故며 如大海心이니 一切諸佛의 無量無邊한

분명히 보게 한다.

이것이 열이다.

불자들이여, 보살마하살이 열 가지 마음이 있다.

무엇이 열인가?

이른바 대지와 같은 마음이니 일체 중생의 모든 선근을 능히 유지하여 능히 자라게 하는 까닭이며, 큰 바다와 같은 마음이니 일체 모든 부처님의 한량없고 가없는 큰 지혜의 법의 물이 다 흘러 들어오는 까닭이다.

수미산왕과 같은 마음이니 일체 중생을 출세

大智법수   실유입고
大智法水가 悉流入故니라

여수미산왕심   치일체중생어출세간최상
如須彌山王心이니 置一切衆生於出世間最上

선근처고   여마니보왕심   낙욕청정
善根處故며 如摩尼寶王心이니 樂欲淸淨하야

무잡염고
無雜染故니라

여금강심   결정심입일체법고   여금강위
如金剛心이니 決定深入一切法故며 如金剛圍

산심   제마외도   불능동고
山心이니 諸魔外道가 不能動故니라

여연화심   일체세법   불능염고   여우담
如蓮華心이니 一切世法이 不能染故며 如優曇

발화심   일체겁중   난치우고
鉢華心이니 一切劫中에 難値遇故니라

간에서 가장 높은 선근의 처소에 두는 까닭이며, 마니보배왕과 같은 마음이니 욕락이 청정하여 섞이어 물들지 않는 까닭이다.

금강과 같은 마음이니 결정코 일체 법에 깊이 들어가는 까닭이며, 금강위산과 같은 마음이니 모든 마와 외도들이 능히 흔들지 못하는 까닭이다.

연꽃과 같은 마음이니 일체 세간법이 능히 물들이지 못하는 까닭이며, 우담발화와 같은 마음이니 일체 겁 중에 만나기 어려운 까닭이다.

맑은 해와 같은 마음이니 어두운 장애를 깨

여정일심   파암장고   여허공심   불가
如淨日心이니 破闇障故며 如虛空心이니 不可

량고
量故니라

시위십
是爲十이니라

약제보살   안주기중   즉득여래무상대청
若諸菩薩이 安住其中하면 則得如來無上大淸

정심
淨心이니라

불자   보살마하살   유십종발심
佛子야 菩薩摩訶薩이 有十種發心하나니라

하등   위십
何等이 爲十고

뜨리는 까닭이며, 허공과 같은 마음이니 헤아릴 수 없는 까닭이다.

이것이 열이다.

만약 모든 보살들이 그 가운데 편안히 머무르면 곧 여래의 위없는 큰 청정한 마음을 얻는다.

불자들이여, 보살마하살이 열 가지 발심이 있다.

무엇이 열인가?

이른바 내가 마땅히 일체 중생을 제도하여 해탈케 하리라는 마음을 내며, 내가 마땅히

소위발아당도탈일체중생심 발아당령일
所謂發我當度脫一切衆生心과 **發我當令一**

체중생 제단번뇌심
切衆生으로 **除斷煩惱心**이니라

발아당령일체중생 소멸습기심 발아당
發我當令一切衆生으로 **消滅習氣心**과 **發我當**

단제일체의혹심
斷除一切疑惑心이니라

발아당제멸일체중생고뇌심 발아당제멸
發我當除滅一切衆生苦惱心과 **發我當除滅**

일체악도제난심
一切惡道諸難心이니라

발아당경순일체여래심 발아당선학일체
發我當敬順一切如來心과 **發我當善學一切**

보살소학심
菩薩所學心이니라

일체 중생으로 하여금 번뇌를 끊어 없애게 하리라는 마음을 낸다.

내가 마땅히 일체 중생으로 하여금 습기를 소멸하게 하리라는 마음을 내며, 내가 마땅히 일체 의혹을 끊어 없애리라는 마음을 낸다.

내가 마땅히 일체 중생의 괴로움을 멸하여 없애리라는 마음을 내며, 내가 마땅히 일체 악도와 모든 어려움을 멸하여 없애리라는 마음을 낸다.

내가 마땅히 일체 여래를 공경하고 따르리라는 마음을 내며, 내가 마땅히 일체 보살이 배

발아당어일체세간일일모단처 　현일체불
發我當於一切世間一一毛端處에 **現一切佛**

성정각심　　발아당어일체세계　　격무상법
成正覺心과 **發我當於一切世界**에 **擊無上法**

고　　　영제중생　　수기근욕　　실득오해
鼓하야 **令諸衆生**으로 **隨其根欲**하야 **悉得悟解**

심
心이니라

시위십
是爲十이니라

약제보살　　안주기중　　즉득여래무상대발
若諸菩薩이 **安住其中**하면 **則得如來無上大發**

기능사심
起能事心이니라

우는 바를 잘 배우리라는 마음을 낸다.

 내가 마땅히 일체 세간의 낱낱 털끝만 한 곳에서 일체 부처님께서 바른 깨달음 이루심을 나타내리라는 마음을 내며, 내가 마땅히 일체 세계에서 위없는 법의 북을 쳐서 모든 중생들로 하여금 그 근기와 욕구를 따라서 다 깨달음을 얻게 하리라는 마음을 낸다.

이것이 열이다.

 만약 모든 보살들이 그 가운데 편안히 머무르면 곧 여래의 위없는 큰 능한 일을 일으키는 마음을 낸다.

불자 보살마하살 유십종주변심
佛子야 菩薩摩訶薩이 有十種周徧心하나라

하등 위십
何等이 爲十고

소위주변일체허공심   발의광대고 주변
所謂周徧一切虛空心이니 發意廣大故며 周徧

일체법계심   심입무변고
一切法界心이니 深入無邊故니라

주변일체삼세심   일념실지고 주변일체
周徧一切三世心이니 一念悉知故며 周徧一切

불출현심   어입태탄생   출가성도 전법
佛出現心이니 於入胎誕生과 出家成道와 轉法

륜반열반   실명료고
輪般涅槃에 悉明了故니라

주변일체중생심   실지근욕습기고 주변
周徧一切衆生心이니 悉知根欲習氣故며 周徧

불자들이여, 보살마하살이 열 가지 두루하는 마음이 있다.

무엇이 열인가?

이른바 일체 허공에 두루하는 마음이니 뜻을 냄이 광대한 까닭이며, 일체 법계에 두루하는 마음이니 가없는 곳에 깊이 들어가는 까닭이다.

일체 삼세에 두루하는 마음이니 한 생각에 모두 아는 까닭이며, 일체 부처님께서 출현하시는 데 두루하는 마음이니 태에 들고 탄생하고 출가하고 도를 이루고 법륜을 굴리고 열반에 드심을 모두 분명히 아는 까닭이다.

일체지혜심　　수순요지법계고
一切智慧心이니 隨順了知法界故니라

주변일체무변심　　지제환망차별고
周徧一切無邊心이니 知諸幻網差別故며

일체무생심　　부득제법자성고
一切無生心이니 不得諸法自性故니라

주변일체무애심　　부주자심타심고
周徧一切無礙心이니 不住自心他心故며

일체자재심　　일념보현성불고
一切自在心이니 一念普現成佛故니라

시위십
是爲十이니라

약제보살　　안주기중　　즉득무량무상불
若諸菩薩이 安住其中하면 則得無量無上佛

법　　주변장엄
法의 周徧莊嚴이니라

일체 중생에게 두루하는 마음이니 그 근기와 욕구와 습기를 모두 아는 까닭이며, 일체 지혜에 두루하는 마음이니 법계를 수순하여 밝게 아는 까닭이다.

일체 가없는 데 두루하는 마음이니 모든 요술 그물의 차별함을 아는 까닭이며, 일체 남이 없는 데 두루하는 마음이니 모든 법의 자성을 얻지 못하는 까닭이다.

일체 걸림 없는 데 두루하는 마음이니 자기의 마음과 남의 마음에 머무르지 않는 까닭이며, 일체 자재한 데 두루하는 마음이니 한 생각에 성불함을 널리 나타내는 까닭이다.

불자 보살마하살 유십종근
佛子야 **菩薩摩訶薩**이 **有十種根**하니라

하등 위십
何等이 **爲十**고

소위환희근   견일체불   신불괴고   희망
所謂歡喜根이니 **見一切佛**에 **信不壞故**며 **希望**

근   소문불법   개오해고
根이니 **所聞佛法**을 **皆悟解故**니라

불퇴근   일체작사   개구경고   안주근
不退根이니 **一切作事**가 **皆究竟故**며 **安住根**이니

부단일체보살행고
不斷一切菩薩行故니라

미세근   입반야바라밀미묘이고   불휴식
微細根이니 **入般若波羅蜜微妙理故**며 **不休息**

근   구경일체중생사고
根이니 **究竟一切衆生事故**니라

이것이 열이다.

만약 모든 보살들이 그 가운데 편안히 머무르면 곧 한량없고 위없는 부처님 법으로 두루 장엄함을 얻는다.

불자들이여, 보살마하살이 열 가지 근이 있다. 무엇이 열인가?

이른바 환희하는 근이니 일체 부처님을 친견하고 믿음이 무너지지 않는 까닭이며, 희망하는 근이니 들은 바 부처님 법을 다 깨달아 아는 까닭이다.

물러나지 않는 근이니 일체 짓는 일을 모두

여금강근   증지일체제법성고   금강광염
如金剛根이니 證知一切諸法性故며 金剛光燄

근   보조일체불경계고
根이니 普照一切佛境界故니라

무차별근   일체여래   동일신고   무애제
無差別根이니 一切如來가 同一身故며 無礙際

근   심입여래십종력고
根이니 深入如來十種力故니라

시위십
是爲十이니라

약제보살   안주기중   즉득여래무상대지
若諸菩薩이 安住其中하면 則得如來無上大智

원만근
圓滿根이니라

끝까지 하는 까닭이며, 편안히 머무르는 근이니 일체 보살의 행을 끊지 않는 까닭이다.

미세한 근이니 반야바라밀의 미묘한 이치에 들어가는 까닭이며, 쉬지 않는 근이니 일체 중생의 일을 끝까지 하는 까닭이다.

금강과 같은 근이니 일체 모든 법의 성품을 증득하여 아는 까닭이며, 금강광명 불꽃 근이니 일체 부처님의 경계를 널리 비추는 까닭이다.

차별 없는 근이니 일체 여래가 동일한 몸인 까닭이며, 걸림이 없는 경계의 근이니 여래의 열 가지 힘에 깊이 들어가는 까닭이다.

이것이 열이다.

佛子야 菩薩摩訶薩이 有十種深心하니라

何等이 爲十고

所謂不染一切世間法深心과 不雜一切二乘道深心과 了達一切佛菩提深心과 隨順一切智智道深心이니라

不爲一切衆魔外道所動深心과 淨修一切如來圓滿智深心과 受持一切所聞法深心과 不著一切受生處深心이니라

만약 모든 보살들이 그 가운데 편안히 머무르면 곧 여래의 위없는 큰 지혜가 원만한 근을 얻는다.

불자들이여, 보살마하살이 열 가지 깊은 마음이 있다.

무엇이 열인가?

이른바 일체 세간법에 물들지 않는 깊은 마음과, 일체 이승의 도에 섞이지 않는 깊은 마음과, 일체 부처님의 보리를 밝게 통달하는 깊은 마음과, 일체지의 지혜의 도를 수순하는 깊은 마음이다.

구족일체미세지심심 　 수일체제불법심
具足一切微細智深心과 修一切諸佛法深

심
心이니라

시위십
是爲十이니라

약제보살 　 안주기중 　 즉득일체지무상청
若諸菩薩이 安住其中하면 則得一切智無上淸

정심심
淨深心이니라

불자 　 보살마하살 　 유십종증상심심
佛子야 菩薩摩訶薩이 有十種增上深心하나라

하등 　 위십
何等이 爲十고

일체 온갖 마와 외도의 흔드는 바가 되지 않는 깊은 마음과, 일체 여래의 원만한 지혜를 깨끗이 닦는 깊은 마음과, 일체 들은 바 법을 받아 지니는 깊은 마음과, 일체 태어나는 곳에 집착하지 않는 깊은 마음이다.

일체 미세한 지혜를 구족하는 깊은 마음과, 일체 모든 부처님의 법을 닦는 깊은 마음이다. 이것이 열이다.

만약 모든 보살들이 그 가운데 편안히 머무르면 곧 일체지의 위없는 청정한 깊은 마음을 얻는다.

불자들이여, 보살마하살이 열 가지 더 느는

소위불퇴전증상심심 적집일체선근
所謂不退轉增上深心이니 **積集一切善根**
고 이의혹증상심심 해일체여래밀어
故며 **離疑惑增上深心**이니 **解一切如來密語**
고
故니라

정지증상심심 대원대행소류고 최승증
正持增上深心이니 **大願大行所流故**며 **最勝增**
상심심 심입일체불법고
上深心이니 **深入一切佛法故**니라

위주증상심심 일체불법자재고 광대증
爲主增上深心이니 **一切佛法自在故**며 **廣大增**
상심심 보입종종법문고
上深心이니 **普入種種法門故**니라

상수증상심심 일체소작성판고 자
上首增上深心이니 **一切所作成辦故**며 **自**

깊은 마음이 있다.

무엇이 열인가?

이른바 물러나지 않는 더 느는 깊은 마음이니 일체 선근을 쌓아 모으는 까닭이며, 의혹을 여의는 더 느는 깊은 마음이니 일체 여래의 비밀한 말씀을 아는 까닭이다.

바르게 유지하는 더 느는 깊은 마음이니 큰 원과 큰 행에서 흐르는 바인 까닭이며, 가장 수승한 더 느는 깊은 마음이니 일체 부처님의 법에 깊이 들어가는 까닭이다.

주인이 되는 더 느는 깊은 마음이니 일체 부처님 법에 자재한 까닭이며, 넓고 크게 더 느는 깊은

在增上深心이니 一切三昧神通變化莊嚴

故니라

安住增上深心이니 攝受本願故며 無休息增上

深心이니 成熟一切衆生故니라

是爲十이니라

若諸菩薩이 安住此法하면 則得一切諸佛의 無

上淸淨增上深心이니라

마음이니 갖가지 법문에 널리 들어가는 까닭이다.

상수가 되는 더 느는 깊은 마음이니 일체 짓는 바를 갖추어 이루는 까닭이며, 자재하게 더 느는 깊은 마음이니 일체 삼매의 신통 변화로 장엄하는 까닭이다.

편안히 머무르는 더 느는 깊은 마음이니 본래의 원을 섭수하는 까닭이며, 쉼 없이 더 느는 깊은 마음이니 일체 중생을 성숙시키는 까닭이다.

이것이 열이다.

만약 모든 보살들이 이 법에 편안히 머무르면 곧 일체 모든 부처님의 위없는 청정한 더 느는 깊은 마음을 얻는다.

佛子야 菩薩摩訶薩이 有十種勤修하니라

何等이 爲十고

所謂布施勤修니 悉捨一切호대 不求報故며 持

戒勤修니 頭陀苦行으로 少欲知足하야 無所欺

故니라

忍辱勤修니 離自他想하고 忍一切惡하야 畢竟

不生恚害心故며 精進勤修니 身語意業이 未曾

散亂하고 一切所作이 皆不退轉하야 至究竟故니라

불자들이여, 보살마하살이 열 가지 부지런히 닦음이 있다.

무엇이 열인가?

이른바 보시를 부지런히 닦음이니 일체를 모두 버리되 갚음을 구하지 않는 까닭이며, 지계를 부지런히 닦음이니 두타 고행으로 욕심이 적고 만족함을 알아 속이는 바가 없는 까닭이다.

인욕을 부지런히 닦음이니 '나'와 '남'이라는 생각을 떠나 일체 악을 참아서 끝까지 성내거나 해치는 마음을 내지 않는 까닭이며, 정진을 부지런히 닦음이니 몸과 말과 뜻의 업이 일찍이 산란하지 않고 일체 짓는 바에서 다 물

선정근수 해탈삼매 출현신통 이일체욕
禪定勤修니 解脫三昧와 出現神通이 離一切欲

번뇌투쟁제권속고 지혜근수 수습적취
煩惱鬪諍諸眷屬故며 智慧勤修니 修習積聚

일체공덕 무염권고
一切功德호대 無厭倦故니라

대자근수 지제중생 무자성고 대비근
大慈勤修니 知諸衆生의 無自性故며 大悲勤

수 지제법공 보대일체중생수고 무
修니 知諸法空하야 普代一切衆生受苦호대 無

피염고
疲厭故니라

각오여래십력근수 요달무애 시중
覺悟如來十力勤修니 了達無礙하야 示衆

생고 불퇴법륜근수 전지일체중생심
生故며 不退法輪勤修니 轉至一切衆生心

러나지 않아 구경에 이르는 까닭이다.

선정을 부지런히 닦음이니 해탈과 삼매와 나타내는 신통으로 일체 욕망과 번뇌와 투쟁의 모든 권속들을 떠나는 까닭이며, 지혜를 부지런히 닦음이니 일체 공덕을 닦아 익히고 쌓아 모으되 싫어하거나 게으름이 없는 까닭이다.

대자를 부지런히 닦음이니 모든 중생들의 자성이 없음을 아는 까닭이며, 대비를 부지런히 닦음이니 모든 법이 공함을 알고 널리 일체 중생을 대신하여 괴로움을 받되 피로해하거나 싫어함이 없는 까닭이다.

여래의 십력 깨달음을 부지런히 닦음이니 걸

고
故니라

시위십
是爲十이니라

약제보살 안주차법   즉득여래무상대지
若諸菩薩이 安住此法하면 則得如來無上大智

혜근수
慧勤修니라

불자 보살마하살   유십종결정해
佛子야 菩薩摩訶薩이 有十種決定解하나리라

하등 위십
何等이 爲十고

소위최상결정해   종식존중선근고   장엄
所謂最上決定解니 種植尊重善根故며 莊嚴

림이 없음을 밝게 통달하여 중생들에게 보이는 까닭이며, 물러나지 않는 법륜을 부지런히 닦음이니 일체 중생의 마음에 점차 이르는 까닭이다.

이것이 열이다.

만약 모든 보살들이 이 법에 편안히 머무르면 곧 여래의 위없는 큰 지혜를 부지런히 닦음을 얻는다.

불자들이여, 보살마하살이 열 가지 결정한 지혜가 있다.

무엇이 열인가?

결정해   출생종종장엄고
決定解니 **出生種種莊嚴故**니라

광대결정해   기심   미증협렬고   적멸결정
廣大決定解니 **其心**이 **未曾狹劣故**며 **寂滅決定**

해   능입심심법성고
解니 **能入甚深法性故**니라

보변결정해   발심무소불급고   감임결정
普徧決定解니 **發心無所不及故**며 **堪任決定**

해   능수불력가지고
解니 **能受佛力加持故**니라

견고결정해   최파일체마업고   명단결정
堅固決定解니 **摧破一切魔業故**며 **明斷決定**

해   요지일체업보고
解니 **了知一切業報故**니라

현전결정해   수의능현신통고   소륭결정
現前決定解니 **隨意能現神通故**며 **紹隆決定**

이른바 가장 높은 결정한 지혜이니 존중한 선근을 심는 까닭이며, 장엄하는 결정한 지해이니 갖가지 장엄을 출생하는 까닭이다.

넓고 큰 결정한 지혜이니 그 마음이 일찍이 좁고 하열하지 않은 까닭이며, 고요한 결정한 지해이니 능히 매우 깊은 법의 성품에 들어가는 까닭이다.

널리 두루하는 결정한 지해이니 발심이 미치지 않는 곳이 없는 까닭이며, 감당하는 결정한 지해이니 부처님의 힘으로 가지함을 능히 받는 까닭이다.

견고한 결정한 지혜이니 일체 마의 업을 꺾

해　　　일체불소　　득기고　　자재결정해　　수의
解니 一切佛所에 得記故며 自在決定解니 隨意

수시성불고
隨時成佛故니라

시위십
是爲十이니라

약제보살　　안주차법　　　즉득여래무상결정
若諸菩薩이 安住此法하면 則得如來無上決定

해
解니라

불자　　보살마하살　　유십종결정해　　　지제
佛子야 菩薩摩訶薩이 有十種決定解하야 知諸

세계
世界하나니라

어 부수는 까닭이며, 밝게 결단하는 결정한 지혜이니 일체 업과 과보를 밝게 아는 까닭이다.

 앞에 나타난 결정한 지혜이니 뜻을 따라서 신통을 능히 나타내는 까닭이며, 이어가는 결정한 지혜이니 일체 부처님 처소에서 수기를 얻는 까닭이며, 자재한 결정한 지혜이니 뜻을 따르고 때를 따라서 성불하는 까닭이다.

 이것이 열이다.

 만약 모든 보살들이 이 법에 편안히 머무르면 곧 여래의 위없는 결정한 지혜를 얻는다.

何等이 爲十고

所謂知一切世界가 入一世界하며 知一世界가 入一切世界하니라

知一切世界에 一如來身과 一蓮華座가 皆悉周徧하며 知一切世界가 皆如虛空하니라

知一切世界가 具佛莊嚴하며 知一切世界에 菩薩充滿하며 知一切世界가 入一毛孔하니라

知一切世界가 入一衆生身하며 知一切世界에

불자들이여, 보살마하살이 열 가지 결정한 지해가 있어서 모든 세계를 안다.

무엇이 열인가?

이른바 일체 세계가 한 세계에 들어감을 알며, 한 세계가 일체 세계에 들어감을 안다.

일체 세계에 한 여래의 몸과 한 연꽃 자리가 모두 다 두루함을 알며, 일체 세계가 다 허공과 같음을 안다.

일체 세계가 부처님의 장엄을 갖춤을 알며, 일체 세계에 보살이 가득함을 알며, 일체 세계가 한 모공에 들어감을 안다.

일불보리수　　일불도량　　　개실주변　　　지일
一佛菩提樹와 一佛道場이 皆悉周徧하며 知一

체세계　　일음보변　　　영제중생　　　각별요
切世界에 一音普徧하야 令諸衆生으로 各別了

지　　심생환희
知하야 心生歡喜니라

시위십
是爲十이니라

약제보살　　안주차법　　　즉득여래무상불찰
若諸菩薩이 安住此法하면 則得如來無上佛刹

광대결정해
廣大決定解니라

불자　　보살마하살　　유십종결정해　　　지중
佛子야 菩薩摩訶薩이 有十種決定解하야 知衆

일체 세계가 한 중생의 몸에 들어감을 알며, 일체 세계에 한 부처님의 보리수와 한 부처님의 도량이 모두 다 두루함을 알며, 일체 세계에 한 음성이 널리 두루하여 모든 중생들로 하여금 제각기 밝게 알아서 마음에 환희를 내게 함을 안다.

이것이 열이다.

만약 모든 보살들이 이 법에 편안히 머무르면 곧 여래의 위없는 부처님 세계의 넓고 큰 결정한 지혜를 얻는다.

불자들이여, 보살마하살이 열 가지 결정한

生_생界_계하나니라

何_하等_등이 爲_위十_십고

所_소謂_위知_지一_일切_체衆_중生_생界_계가 本_본性_성無_무實_실하며 知_지一_일切_체衆_중

生_생界_계가 悉_실入_입一_일衆_중生_생身_신하며 知_지一_일切_체衆_중生_생界_계가 悉_실

入_입菩_보薩_살身_신하며 知_지一_일切_체衆_중生_생界_계가 悉_실入_입如_여來_래藏_장하니라

知_지一_일衆_중生_생身_신이 普_보入_입一_일切_체衆_중生_생界_계하며 知_지一_일切_체衆_중

生_생界_계가 悉_실堪_감爲_위諸_제佛_불法_법器_기하며 知_지一_일切_체衆_중生_생界_계에

隨_수其_기所_소欲_욕하야 爲_위現_현釋_석梵_범護_호世_세身_신하니라

지혜가 있어서 중생계를 안다.

무엇이 열인가?

이른바 일체 중생계가 본래 성품이 실체가 없음을 알며, 일체 중생계가 모두 한 중생의 몸에 들어감을 알며, 일체 중생계가 모두 보살의 몸에 들어감을 알며, 일체 중생계가 모두 여래장에 들어감을 안다.

한 중생의 몸이 일체 중생계에 널리 들어감을 알며, 일체 중생계가 모두 감당하여 모든 부처님 법의 그릇이 됨을 알며, 일체 중생계에 그 하고자 하는 바를 따라서 제석과 범천과 호세사천왕의 몸을 나타냄을 안다.

지일체중생계　　수기소욕　　　위현성문독각
知一切衆生界에 隨其所欲하야 爲現聲聞獨覺의

적정위의　　　지일체중생계　　위현보살공덕
寂靜威儀하며 知一切衆生界에 爲現菩薩功德

장엄신　　　지일체중생계　　위현여래상호적
莊嚴身하며 知一切衆生界에 爲現如來相好寂

정위의　　개오중생
靜威儀하야 開悟衆生이니라

시위십
是爲十이니라

약 제 보 살　　안 주 차 법　　즉 득 여 래 무 상 대 위
若諸菩薩이 安住此法하면 則得如來無上大威

력결정해
力決定解니라

〈大方廣佛華嚴經 卷第五十六〉

일체 중생계에 그 하고자 하는 바를 따라서 성문과 독각의 고요한 위의를 나타냄을 알며, 일체 중생계에 보살의 공덕으로 장엄한 몸을 나타냄을 알며, 일체 중생계에 여래의 상호와 고요한 위의를 나타내어 중생들을 깨우침을 안다.

이것이 열이다.

만약 모든 보살들이 이 법에 편안히 머무르면 곧 여래의 위없는 큰 위신력의 결정한 지해를 얻는다."

〈대방광불화엄경 제56권〉

大方廣佛華嚴經 — 부록

- 대방광불화엄경 목차
- 간행사

대방광불화엄경
목차

⟨제1회⟩

<u>제1권</u> 제1품 세주묘엄품 [1]

<u>제2권</u> 제1품 세주묘엄품 [2]

<u>제3권</u> 제1품 세주묘엄품 [3]

<u>제4권</u> 제1품 세주묘엄품 [4]

<u>제5권</u> 제1품 세주묘엄품 [5]

<u>제6권</u> 제2품 여래현상품

<u>제7권</u> 제3품 보현삼매품

　　　　제4품 세계성취품

<u>제8권</u> 제5품 화장세계품 [1]

<u>제9권</u> 제5품 화장세계품 [2]

<u>제10권</u> 제5품 화장세계품 [3]

<u>제11권</u> 제6품 비로자나품

⟨제2회⟩

<u>제12권</u> 제7품 여래명호품

　　　　제8품 사성제품

<u>제13권</u> 제9품 광명각품

　　　　제10품 보살문명품

<u>제14권</u> 제11품 정행품

　　　　제12품 현수품 [1]

<u>제15권</u> 제12품 현수품 [2]

⟨제3회⟩

<u>제16권</u> 제13품 승수미산정품

　　　　제14품 수미정상게찬품

　　　　제15품 십주품

<u>제17권</u> 제16품 범행품

　　　　제17품 초발심공덕품

<u>제18권</u> 제18품 명법품

〈제4회〉

제19권　제19품　승야마천궁품

　　　　제20품　야마궁중게찬품

　　　　제21품　십행품 [1]

제20권　제21품　십행품 [2]

제21권　제22품　십무진장품

〈제5회〉

제22권　제23품　승도솔천궁품

제23권　제24품　도솔궁중게찬품

　　　　제25품　십회향품 [1]

제24권　제25품　십회향품 [2]

제25권　제25품　십회향품 [3]

제26권　제25품　십회향품 [4]

제27권　제25품　십회향품 [5]

제28권　제25품　십회향품 [6]

제29권　제25품　십회향품 [7]

제30권　제25품　십회향품 [8]

제31권　제25품　십회향품 [9]

제32권　제25품　십회향품 [10]

제33권　제25품　십회향품 [11]

〈제6회〉

제34권　제26품　십지품 [1]

제35권　제26품　십지품 [2]

제36권　제26품　십지품 [3]

제37권　제26품　십지품 [4]

제38권　제26품　십지품 [5]

제39권　제26품　십지품 [6]

〈제7회〉

제40권　제27품　십정품 [1]

제41권　제27품　십정품 [2]

제42권　제27품　십정품 [3]

제43권　제27품　십정품 [4]

제44권　제28품　십통품

　　　　제29품　십인품

제45권　제30품　아승지품

　　　　제31품　수량품

　　　　제32품　제보살주처품

제46권　제33품　불부사의법품 [1]

제47권　제33품　불부사의법품 [2]

제48권 제34품 여래십신상해품
        제35품 여래수호광명공덕품
제49권 제36품 보현행품
제50권 제37품 여래출현품 [1]
제51권 제37품 여래출현품 [2]
제52권 제37품 여래출현품 [3]

〈제8회〉

제53권 제38품 이세간품 [1]
제54권 제38품 이세간품 [2]
제55권 제38품 이세간품 [3]
제56권 제38품 이세간품 [4]
제57권 제38품 이세간품 [5]
제58권 제38품 이세간품 [6]
제59권 제38품 이세간품 [7]

〈제9회〉

제60권 제39품 입법계품 [1]
제61권 제39품 입법계품 [2]
제62권 제39품 입법계품 [3]
제63권 제39품 입법계품 [4]
제64권 제39품 입법계품 [5]
제65권 제39품 입법계품 [6]
제66권 제39품 입법계품 [7]
제67권 제39품 입법계품 [8]
제68권 제39품 입법계품 [9]
제69권 제39품 입법계품 [10]
제70권 제39품 입법계품 [11]
제71권 제39품 입법계품 [12]
제72권 제39품 입법계품 [13]
제73권 제39품 입법계품 [14]
제74권 제39품 입법계품 [15]
제75권 제39품 입법계품 [16]
제76권 제39품 입법계품 [17]
제77권 제39품 입법계품 [18]
제78권 제39품 입법계품 [19]
제79권 제39품 입법계품 [20]
제80권 제39품 입법계품 [21]

간행사

　귀의삼보 하옵고,

『대방광불화엄경』의 수지 독송과 유통을 발원하면서 수미정사 불전연구원에서 『독송본 한문·한글역 대방광불화엄경』과 『사경본 한글역 대방광불화엄경』을 편찬하여 간행하게 되었습니다.

『화엄경』은 우리나라에 전래된 이래 일찍부터 사경되고 주석·강설되어 왔으며 근현대에 이르러서는 『화엄경』의 한글 번역과 연구도 부쩍 많이 이루어졌습니다. 그만큼 『화엄경』이 우리 불자님들의 신행과 해탈에 큰 의지처가 되었던 것임을 알 수 있습니다.

『화엄경』을 독송하고 사경하는 공덕은 설법 공덕과 함께 크게 강조되어 왔습니다. 그리하여 수미정사 불전연구원에서도 『화엄경』(80권)을 독송하고 사경하는 데 도움이 되도록 한문 원문과 한글역을 함께 수록한 독송본과 한글역의 사경본 『화엄경』 간행불사를 발원하였습니다. 이 『화엄경』 간행불사에 뜻을 같이하여 적극 후원해주신 스님들과 재가 불자님들께 깊이 감사드립니다. 또한 『화엄경』을 수지 독송할 수 있도록 경책의 모습으로 장엄해 주신 편집위원들과 담앤북스 출판사 관계자들께도 고마움을 표합니다.

　끝으로 이 불사의 원만 회향으로 『화엄경』이 널리 유통되고, 온 법계에 부처님의 가피가 충만하시길 기원드립니다.

　나무 대방광불화엄경

　　　　　　　　　　　　　　　　　　　불기 2564년 '부처님오신날'을 봉축하며
　　　　　　　　　　　　　　　　　　　　　　　　　수미해주 합장

위태천신(동진보살)

수미해주 須彌海住

호거산 운문사에서 성관 스님을 은사로 출가, 석암 대화상을 계사로 사미니계 수계, 월하 전계사를 계사로 비구니계 수계, 계룡산 동학사 전문강원 졸업, 동국대학교 불교대학 및 동 대학원 졸업, 철학박사, 가산지관 대종사에게서 전강, 동국대학교 불교대학 교수, 동학승가대학 학장 및 화엄학림 학림장, 중앙승가대학교 법인이사 역임.
(현) 수미정사 주지, 동국대학교 명예교수.
저·역서로 『의상화엄사상사연구』, 『화엄의 세계』, 『정선 원효』, 『정선 화엄 1』, 『정선 지눌』, 『법계도기총수록』, 『해주스님의 법성게 강설』 등 다수.

독송본 한문·한글역
대방광불화엄경 제56권

| 초판 1쇄 발행_ 2025년 5월 24일

| 엮 은 이 _ 수미해주
| 엮 은 곳 _ 수미정사 불전연구원
| 편집위원 _ 해주 수정 경진 선초 정천 석도 박보람 최원섭
| 편 집 보 _ 무이 무진 지욱 혜명

| 펴 낸 이 _ 오세룡
| 펴 낸 곳 _ 담앤북스
　　　　　서울특별시 종로구 새문안로3길 23 경희궁의 아침 4단지 805호
　　　　　대표전화 02)765-1251 전자우편 dhamenbooks@naver.com
　　　　　출판등록 제300-2011-115호
| ISBN _ 979-11-6201-907-8 04220

이 책은 저작권 법에 따라 보호받는 저작물이므로 무단전재와 복제를 금합니다.
이 책 내용의 전부 또는 일부를 이용하려면 반드시 저작권자와 담앤북스의 서면 동의를 받아야 합니다.

정가 15,000원
ⓒ 수미해주 2025

大方廣佛華嚴經 讀誦

57

🪷 일러두기

1. 『독송본 한문·한글역 대방광불화엄경』은 실차난타가 한역(695~699)한 80권 『대방광불화엄경』의 한문 원문과 한글역을 함께 수록한 것이다. 한문에는 음사와 현토를 부기하였다.

2. 원문의 저본은 고종 2년(1865) 월정사에서 인경한 고려대장경 『대방광불화엄경』에 한암 스님이 현토(1949년)한 것을 범룡 스님이 영인 출판(1990년)한 『대방광불화엄경』이다.

3. 한문은 저본에서 누락되었거나 글자가 다르다고 판단된 부분은 저본인 고려대장경 각권의 말미에 교감되어 있는 내용을 중심으로 하고 봉은사판 『대방광불화엄경수소연의초』와 신수대장경 각주에서 밝힌 교감본을 참조하여 보입하고 수정하였다.

4. 한글 번역은 동국역경원에서 발간한 한글 『대방광불화엄경』(운허)을 중심으로 하고 『신화엄경합론』(탄허)과 『대방광불화엄경 강설』(여천무비) 그리고 최근의 여타 번역본 등을 참조하였다.

5. 저본의 원문에서 이체자의 경우 훈글이 제공하는 이체자는 그대로 살리고 훈글이 제공하지 않는 글자는 통용되는 정자로 바꾸었다. 예) 間 → 閒 / 焰 → 燄 / 宫 → 宮 / 偁 → 稱

6. 한글 번역은 독송과 사경을 위하여 정확성과 아울러 가독성을 고려하였다. 극존칭은 부처님과 불경계에 대해서만 사용하였다.

7. 독송본의 차례는 일러두기 → 본문 → 화엄경 목차 → 간행사의 순차이다.
   (법공양판에는 간행사 다음에 간행불사 동참자를 밝혀 두었다.)

8. 독송본의 한글역은 사경의 편의를 도모하기 위해 그 편집을 달리하여 『사경본 한글역 대방광불화엄경』으로 함께 간행한다. 독송본과 사경본 모두 80권 『대방광불화엄경』의 권별 목차 순으로 간행한다.

독송본 한문·한글역

대방광불화엄경 제57권
大方廣佛華嚴經 卷第五十七

38. 이세간품 [5]
離世間品 第三十八之五

실차난타 한역
수미해주 한글역

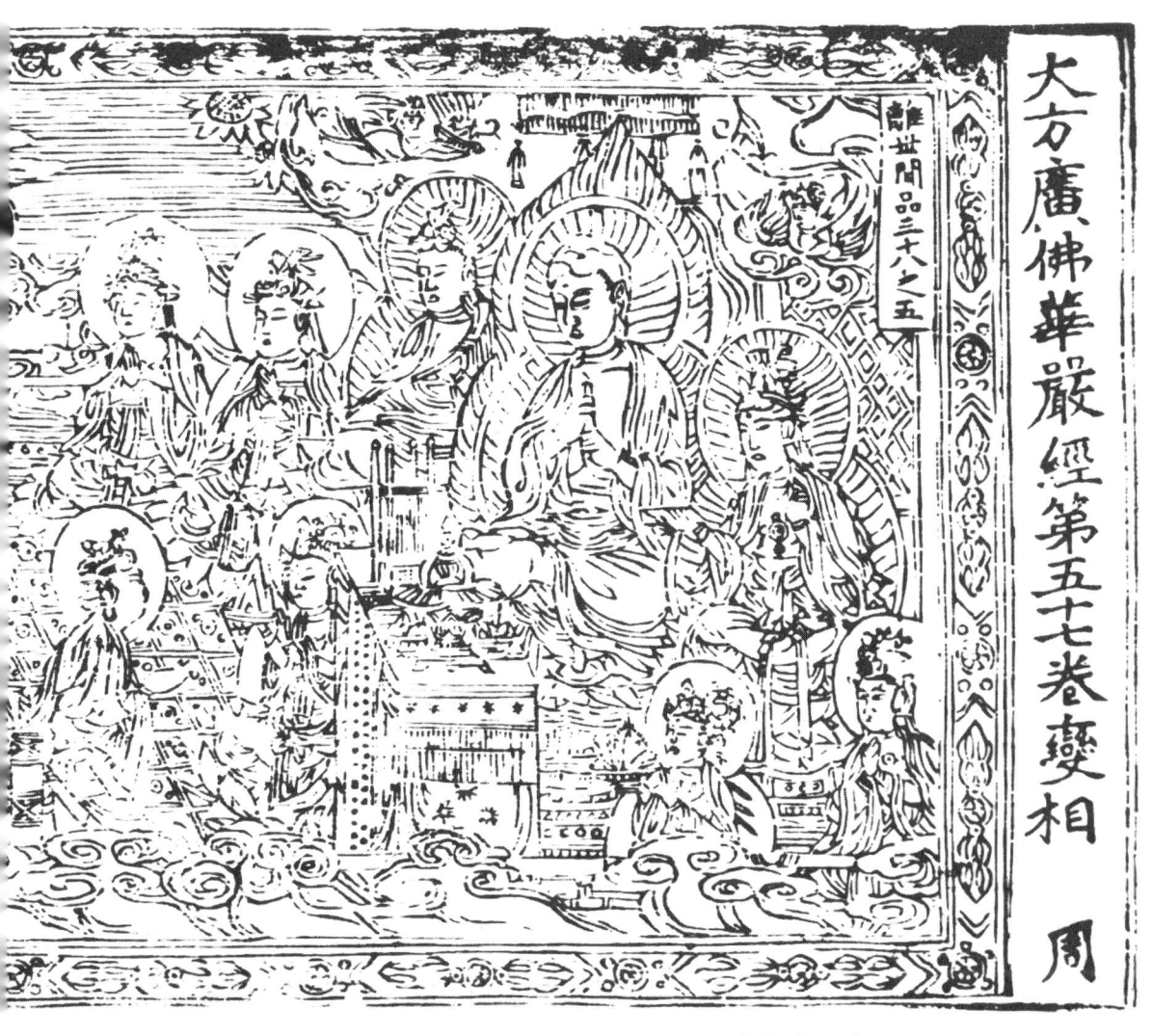

대방광불화엄경 제57권 변상도

대방광불화엄경
제57권

38. 이세간품 [5]

대방광불화엄경 권제오십칠
大方廣佛華嚴經 卷第五十七

이세간품 제삼십팔지오
離世間品 第三十八之五

불자야 보살마하살이 유십종습기하니라
佛子야 **菩薩摩訶薩**이 **有十種習氣**하니라

하등이 위십고
何等이 **爲十**고

소위보리심습기와 선근습기와 교화중생습
所謂菩提心習氣와 **善根習氣**와 **敎化衆生習**
기와 견불습기와 어청정세계에 수생습기와 행
氣와 **見佛習氣**와 **於淸淨世界**에 **受生習氣**와 **行**

대방광불화엄경 제57권

38. 이세간품 [5]

"불자들이여, 보살마하살이 열 가지 습기가 있다.

무엇이 열인가?

이른바 보리심의 습기와, 선근의 습기와, 중생을 교화하는 습기와, 부처님을 친견하는 습기와, 청정한 세계에 태어나는 습기와, 행의 습

습기　원습기　바라밀습기　사유평등법습
習氣와 願習氣와 波羅蜜習氣와 思惟平等法習

기　종종경계차별습기
氣와 種種境界差別習氣니라

시위십
是爲十이니라

약제보살　안주차법　　즉영리일체번뇌습
若諸菩薩이 安住此法하면 則永離一切煩惱習

기　　득여래대지　습기비습기지
氣하고 得如來大智의 習氣非習氣智니라

불자　보살마하살　유십종취　　이차부단
佛子야 菩薩摩訶薩이 有十種取하야 以此不斷

제보살행
諸菩薩行하나니라

기와, 서원의 습기와, 바라밀의 습기와, 평등한 법을 사유하는 습기와, 갖가지 경계가 차별한 습기이다.

이것이 열이다.

만약 모든 보살들이 이 법에 편안히 머무르면 곧 일체 번뇌의 습기를 영원히 여의고 여래의 큰 지혜인 습기이면서 습기가 아닌 지혜를 얻는다.

불자들이여, 보살마하살이 열 가지 취함이 있다. 이로써 모든 보살의 행을 끊지 않는다.

何等이 爲十고

所謂取一切衆生界니 究竟敎化故며 取一切
世界니 究竟嚴淨故며 取如來니 修菩薩行하야
爲供養故니라

取善根이니 積集諸佛相好功德故며 取大悲니
滅一切衆生苦故며 取大慈니 與一切衆生一
切智樂故니라

取波羅蜜이니 積集菩薩諸莊嚴故며 取善巧方

무엇이 열인가?

이른바 일체 중생계를 취함이니 끝까지 교화하는 까닭이며, 일체 세계를 취함이니 끝까지 깨끗하게 장엄하는 까닭이며, 여래를 취함이니 보살행을 닦아 공양올리는 까닭이다.

선근을 취함이니 모든 부처님의 상호와 공덕을 쌓아 모으는 까닭이며, 대비를 취함이니 일체 중생의 괴로움을 없애는 까닭이며, 대자를 취함이니 일체 중생에게 일체 지혜의 즐거움을 주는 까닭이다.

바라밀을 취함이니 보살의 모든 장엄을 쌓아 모으는 까닭이며, 선교 방편을 취함이니

편   어일체처   개시현고   취보리 득무
便이니 於一切處에 皆示現故며 取菩提니 得無

애 지 고
礙智故니라

약설보살   취일체법   어일체처   실이명
略說菩薩이 取一切法이니 於一切處에 悉以明

지   이현료고
智로 而現了故니라

시 위 십
是爲十이니라

약 제 보 살   안 주 차 취   즉 능 부 단 제 보 살
若諸菩薩이 安住此取하면 則能不斷諸菩薩

행   득일체여래무상무소취법
行하야 得一切如來無上無所取法이니라

일체 처소에서 다 나타내 보이는 까닭이며, 보리를 취함이니 걸림 없는 지혜를 얻는 까닭이다.

간략히 말하면 보살이 일체 법을 취함이니 일체 처소에서 모두 밝은 지혜로 분명히 아는 까닭이다.

이것이 열이다.

만약 모든 보살들이 이 취함에 편안히 머무르면 곧 능히 모든 보살의 행을 끊지 않고 일체 여래의 위없는 취할 바 없는 법을 얻는다.

불자 보살마하살 유십종수
佛子야 菩薩摩訶薩이 有十種修하나니라

하등 위십
何等이 爲十고

소위수제바라밀 수학 수혜 수의
所謂修諸波羅蜜하며 修學하며 修慧하며 修義하며

수법 수출리 수시현 수근행비해
修法하며 修出離하며 修示現하며 修勤行匪懈하며

수성등정각 수전정법륜
修成等正覺하며 修轉正法輪이니라

시위십
是爲十이니라

약제보살 안주기중 즉득무상수 수
若諸菩薩이 安住其中하면 則得無上修하야 修

일체법
一切法이니라

불자들이여, 보살마하살이 열 가지 닦음이 있다.

무엇이 열인가?

이른바 모든 바라밀을 닦으며, 배움을 닦으며, 지혜를 닦으며, 이치를 닦으며, 법을 닦으며, 벗어남을 닦으며, 나타내 보임을 닦으며, 부지런히 행하여 게으르지 않음을 닦으며, 평등하고 바른 깨달음 이룸을 닦으며, 바른 법륜 굴림을 닦는다.

이것이 열이다.

만약 모든 보살들이 그 가운데 편안히 머무르면 곧 위없는 닦음을 얻어서 일체 법을 닦

불자야 보살마하살이 유십종성취불법하니라
佛子야 菩薩摩訶薩이 有十種成就佛法하니라

하등이 위십고
何等이 爲十고

소위불리선지식하야 성취불법하며 심신불어하야
所謂不離善知識하야 成就佛法하며 深信佛語하야

성취불법하니라
成就佛法하니라

불방정법하야 성취불법하며 이무량무진선근
不謗正法하야 成就佛法하며 以無量無盡善根

회향하야 성취불법하니라
迴向하야 成就佛法하니라

신해여래경계무변제하야 성취불법하며 지일
信解如來境界無邊際하야 成就佛法하며 知一

체세계경계하야 성취불법하니라
切世界境界하야 成就佛法하니라

는다.

　불자들이여, 보살마하살이 열 가지 부처님 법을 성취함이 있다.

　무엇이 열인가?

　이른바 선지식을 떠나지 아니하여 부처님 법을 성취하며, 부처님의 말씀을 깊이 믿어서 부처님 법을 성취한다.

　바른 법을 비방하지 아니하여 부처님 법을 성취하며, 한량없고 다함없는 선근으로 회향하여 부처님 법을 성취한다.

　여래의 경계가 끝없음을 믿고 이해하여 부처

불사법계경계　　성취불법　　원리제마경
不捨法界境界하야 **成就佛法**하며 **遠離諸魔境**

계　　성취불법
界하야 **成就佛法**하나니라

정념일체제불경계　　성취불법　　낙구여
正念一切諸佛境界하야 **成就佛法**하며 **樂求如**

래십력경계　　성취불법
來十力境界하야 **成就佛法**이니라

시위십
是爲十이니라

약제보살　안주차법　즉득성취여래　무
若諸菩薩이 **安住此法**하면 **則得成就如來**의 **無**

상대지혜
上大智慧니라

님 법을 성취하며, 일체 세계의 경계를 알아서 부처님 법을 성취한다.

법계의 경계를 버리지 아니하여 부처님 법을 성취하며, 모든 마의 경계를 멀리 떠나서 부처님 법을 성취한다.

일체 모든 부처님의 경계를 바르게 생각하여 부처님 법을 성취하며, 여래 십력의 경계를 즐겨 구하여 부처님 법을 성취한다.

이것이 열이다.

만약 모든 보살들이 이 법에 편안히 머무르면 곧 여래의 위없는 큰 지혜를 성취함을 얻는다.

불자　　보살마하살　　　　유십종퇴실불법　　응당
佛子야 菩薩摩訶薩이 有十種退失佛法을 應當

원리
遠離니라

하등　위십
何等이 爲十고

소위경만선지식　　　　퇴실불법　　　외생사고
所謂輕慢善知識하야 退失佛法하며 畏生死苦하야

퇴실불법　　　염수보살행　　　퇴실불법
退失佛法하며 厭修菩薩行하야 退失佛法하니라

불락주세간　　　퇴실불법　　　탐착삼매　　　퇴
不樂住世間하야 退失佛法하며 眈著三昧하야 退

실불법　　　집취선근　　　퇴실불법
失佛法하며 執取善根하야 退失佛法하니라

비방정법　　　퇴실불법　　　단보살행　　　퇴실
誹謗正法하야 退失佛法하며 斷菩薩行하야 退失

불자들이여, 보살마하살이 열 가지 부처님 법에서 물러남이 있으니 마땅히 멀리 여의어야 한다.

무엇이 열인가?

이른바 선지식을 가벼이 여기어 부처님 법에서 물러나며, 생사의 괴로움을 두려워하여 부처님 법에서 물러나며, 보살행을 닦기 싫어하여 부처님 법에서 물러난다.

세간에 머무르는 것을 즐겨하지 아니하여 부처님 법에서 물러나며, 삼매에 탐착하여 부처님 법에서 물러나며, 선근에 집착하여 부처님 법에서 물러난다.

불법　　　낙이승도　　　퇴실불법　　　혐한제보
佛法하며 樂二乘道하야 退失佛法하며 嫌恨諸菩

살　　퇴실불법
薩하야 退失佛法이니라

시위십
是爲十이니라

약제보살　　원리차법　　　즉입보살이생도
若諸菩薩이 遠離此法하면 則入菩薩離生道니라

불자　보살마하살　　유십종이생도
佛子야 菩薩摩訶薩이 有十種離生道하니라

하등　위십
何等이 爲十고

소위출생반야바라밀　　　이항관찰일체중생
所謂出生般若波羅蜜하야 而恒觀察一切衆生이

바른 법을 비방하여 부처님 법에서 물러나며, 보살행을 끊어 부처님 법에서 물러나며, 이승의 도를 즐겨하여 부처님 법에서 물러나며, 모든 보살들을 싫어하고 원망하여 부처님 법에서 물러난다.

이것이 열이다.

만약 모든 보살들이 이 법을 멀리 여의면 곧 보살의 생을 여의는 길에 들어간다.

불자들이여, 보살마하살이 열 가지 생을 여의는 길이 있다.

무엇이 열인가?

　　　　시위일　　원리제견　　이도탈일체견박중
　　　　是爲一이요 遠離諸見하야 而度脫一切見縛衆

　　　생　　시위이
　　　生이 是爲二요

　　　불념일체상　　　이불사일체착상중생　　시위
　　　不念一切相호대 而不捨一切著相衆生이 是爲

　　　삼　　초과삼계　　　이상재일체세계　　시위
　　　三이요 超過三界호대 而常在一切世界가 是爲

　　　사
　　　四요

　　　영리번뇌　　이여일체중생공거　　시위오
　　　永離煩惱호대 而與一切衆生共居가 是爲五요

　　　득이욕법　　　이상이대비　　애민일체착욕중
　　　得離欲法호대 而常以大悲로 哀愍一切著欲衆

　　　생　　시위육
　　　生이 是爲六이요

이른바 반야바라밀을 내되 일체 중생을 항상 관찰하니, 이것이 하나이다. 모든 사견을 멀리 여의되 일체 사견에 얽매인 중생을 제도하여 해탈시키니, 이것이 둘이다.

일체 모양을 생각하지 아니하되 일체 모양에 집착한 중생을 버리지 아니하니, 이것이 셋이다. 삼계를 초과하되 항상 일체 세계에 있으니, 이것이 넷이다.

번뇌를 길이 여의되 일체 중생과 더불어 함께 있으니, 이것이 다섯이다. 탐욕을 여의는 법을 얻되 항상 대비로 일체 탐욕에 집착한 중생들을 가엾게 여기니, 이것이 여섯이다.

상락적정　　이항시현일체권속　시위칠
常樂寂靜호대 而恒示現一切眷屬이 是爲七이요

이세간생　　이사차생피　　기보살행　　시
離世閒生호대 而死此生彼하야 起菩薩行이 是

위팔
爲八이요

불염일체세간법　　이부단일체세간소작
不染一切世閒法호대 而不斷一切世閒所作이

시위구　제불보리　　이현기전　　이불사보
是爲九요 諸佛菩提가 已現其前호대 而不捨菩

살　일체원행　시위십
薩의 一切願行이 是爲十이니라

불자　시위보살마하살　십종이생도　출리
佛子야 是爲菩薩摩訶薩의 十種離生道니 出離

세간　　불여세공　　이역부잡이승지행
世閒하야 不與世共호대 而亦不雜二乘之行하나니

고요함을 항상 즐기되 늘 일체 권속을 나타내 보이니, 이것이 일곱이다. 세간에 태어남을 여의되 여기서 죽고 저기에 태어나서 보살행을 일으키니, 이것이 여덟이다.

일체 세간법에 물들지 아니하되 일체 세간에서 짓는 바를 끊지 아니하니, 이것이 아홉이다. 모든 부처님의 보리가 이미 그 앞에 나타났으되 보살의 일체 원과 행을 버리지 아니하니, 이것이 열이다.

불자들이여, 이것이 보살마하살의 열 가지 생을 여의는 길이니, 세간을 벗어나서 세간과 더불어 함께하지 아니하되 또한 이승의 행과 섞

약제보살   안주차법   즉득보살결정법
若諸菩薩이 安住此法하면 則得菩薩決定法이니라

불자 보살마하살   유십종결정법
佛子야 菩薩摩訶薩이 有十種決定法하니라

하등 위십
何等이 爲十고

소위결정어여래종족중생   결정어제불경
所謂決定於如來種族中生하며 決定於諸佛境

계중주   결정요지보살소작사   결정안
界中住하며 決定了知菩薩所作事하며 決定安

주제바라밀
住諸波羅蜜하니라

결정득예여래중회   결정능현여래종성
決定得預如來衆會하며 決定能顯如來種性하며

이지도 않는다. 만약 모든 보살들이 이 법에 편안히 머무르면 곧 보살의 결정한 법을 얻는다.

불자들이여, 보살마하살이 열 가지 결정한 법이 있다.

무엇이 열인가?

이른바 결정코 여래의 종족 중에 태어나며, 결정코 모든 부처님의 경계 속에 머무르며, 결정코 보살의 지을 바 일을 밝게 알며, 결정코 모든 바라밀에 편안히 머무른다.

결정코 여래의 대중모임에 참여하며, 결정코 여래의 종성을 능히 나타내며, 결정코 여래의

결정안주여래력
決定安住如來力하나라

결정심입불보리 　　결정여일체여래동일
決定深入佛菩提하며 **決定與一切如來同一**

신　　결정여일체여래　소주무유이
身하며 **決定與一切如來**로 **所住無有二**니라

시위십
是爲十이니라

불자　보살마하살　유십종출생불법도
佛子야 **菩薩摩訶薩**이 **有十種出生佛法道**하나라

하등　위십
何等이 **爲十**고

소위수순선우　시출생불법도　동종선근
所謂隨順善友가 **是出生佛法道**니 **同種善根**

힘에 편안히 머무른다.

결정코 부처님의 보리에 깊이 들어가며, 결정코 일체 여래와 더불어 동일한 몸이며, 결정코 일체 여래와 더불어 머무르는 바가 둘이 없다.

이것이 열이다.

불자들이여, 보살마하살이 열 가지 부처님 법을 출생하는 길이 있다.

무엇이 열인가?

이른바 착한 벗을 따르는 것이 부처님 법을 출생하는 길이니 선근을 함께 심는 까닭이며,

故며 深心信解가 是出生佛法道니 知佛自在
고

故니라

發大誓願이 是出生佛法道니 其心寬廣故며 忍

自善根이 是出生佛法道니 知業不失故니라

一切劫에 修行無厭足이 是出生佛法道니 盡未

來際故며 阿僧祇世界에 皆示現이 是出生佛法

道니 成熟衆生故니라

不斷菩薩行이 是出生佛法道니 增長大悲故며

깊은 마음으로 믿고 이해하는 것이 부처님 법을 출생하는 길이니 부처님의 자재하심을 아는 까닭이다.

큰 서원을 세우는 것이 부처님 법을 출생하는 길이니 그 마음이 너그러운 까닭이며, 자기의 선근을 아는 것이 부처님 법을 출생하는 길이니 업의 잃지 않음을 아는 까닭이다.

일체 겁 동안 수행하되 만족해 싫어함이 없는 것이 부처님 법을 출생하는 길이니 미래제를 다하는 까닭이며, 아승지 세계에 다 나타내 보이는 것이 부처님 법을 출생하는 길이니 중생을 성숙시키는 까닭이다.

무량심　시출생불법도　　일념　변일체허공
無量心이 是出生佛法道니 一念에 徧一切虛空

계고
界故니라

수승행　시출생불법도　　본소수행　무실괴
殊勝行이 是出生佛法道니 本所修行을 無失壞

고　여래종　시출생불법도　　영일체중생
故며 如來種이 是出生佛法道니 令一切衆生으로

낙발보리심　　이일체선법자지고
樂發菩提心하야 以一切善法資持故니라

시위십
是爲十이니라

약제보살　안주차법　　즉득대장부명호
若諸菩薩이 安住此法하면 則得大丈夫名号니라

보살행을 끊지 않는 것이 부처님 법을 출생하는 길이니 대비를 증장하는 까닭이며, 한량없는 마음이 부처님 법을 출생하는 길이니 한 생각에 일체 허공계에 두루하는 까닭이다.

수승한 행이 부처님 법을 출생하는 길이니 본래 닦은 바 행을 잃어버리지 않는 까닭이며, 여래의 종성이 부처님 법을 출생하는 길이니 일체 중생으로 하여금 보리심을 즐겨 내어서 일체 착한 법으로 도와 지니게 하는 까닭이다.

이것이 열이다.

만약 모든 보살들이 이 법에 편안히 머무르면 곧 대장부의 명호를 얻는다.

불자　보살마하살　유십종대장부명호
佛子야 菩薩摩訶薩이 有十種大丈夫名号하니라

하등　위십
何等이 爲十고

소위명위보리살타　보리지소생고　　명위
所謂名爲菩提薩埵니 菩提智所生故며 名爲

마하살타　안주대승고　명위제일살타　증
摩訶薩埵니 安住大乘故며 名爲第一薩埵니 證

제일법고
第一法故니라

명위승살타　각오승법고　명위최승살타
名爲勝薩埵니 覺悟勝法故며 名爲最勝薩埵니

지혜최승고　명위상살타　기상정진고
智慧最勝故며 名爲上薩埵니 起上精進故니라

명위무상살타　개시무상법고　　명위역살
名爲無上薩埵니 開示無上法故며 名爲力薩

불자들이여, 보살마하살이 열 가지 대장부의 명호가 있다.

무엇이 열인가?

이른바 이름이 '보리살타'이니 보리의 지혜로 생긴 까닭이며, 이름이 '마하살타'이니 대승에 편안히 머무른 까닭이며, 이름이 '제일살타'이니 제일의 법을 증득한 까닭이다.

이름이 '승살타'이니 수승한 법을 깨달은 까닭이며, 이름이 '최승살타'이니 지혜가 가장 수승한 까닭이며, 이름이 '상살타'이니 상품 정진을 일으킨 까닭이다.

이름이 '무상살타'이니 위없는 법을 열어 보

타　광지십력고　　명위무등살타　세간무비
埵니 廣知十力故며 名爲無等薩埵니 世間無比

고　　명위부사의살타　　일념성불고
故며 名爲不思議薩埵니 一念成佛故니라

시위십
是爲十이니라

약제보살　　　득차명호　　　즉성취보살도
若諸菩薩이 得此名号하면 則成就菩薩道니라

불자　　보살마하살　　유십종도
佛子야 菩薩摩訶薩이 有十種道하니라

하등　위십
何等이 爲十고

소위일도　　시보살도　　불사독일보리심고
所謂一道가 是菩薩道니 不捨獨一菩提心故요

인 까닭이며, 이름이 '역살타'이니 십력을 널리 안 까닭이며, 이름이 '무등살타'이니 세간에 견줄 이가 없는 까닭이며, 이름이 '부사의살타'이니 한 생각에 성불한 까닭이다.

이것이 열이다.

만약 모든 보살들이 이 명호를 얻으면 곧 보살의 도를 성취한다.

불자들이여, 보살마하살이 열 가지 도가 있다. 무엇이 열인가?

이른바 한 길이 보살의 도이니 오직 한 보리심을 버리지 않는 까닭이다.

이도　　시보살도　　출생지혜　　급방편고
二道가 是菩薩道니 出生智慧와 及方便故요

삼도　　시보살도　　행공무상무원　　불착삼
三道가 是菩薩道니 行空無相無願하야 不著三

계고
界故요

사행　　시보살도　　참제죄장　　수희복덕
四行이 是菩薩道니 懺除罪障하며 隨喜福德하며

공경존중　　권청여래　　선교회향　　무휴
恭敬尊重하야 勸請如來하며 善巧迴向하야 無休

식고
息故요

오근　　시보살도　　안주정신　　견고부동
五根이 是菩薩道니 安住淨信하야 堅固不動하며

기대정진　　소작구경　　일향정념　　무이
起大精進하야 所作究竟하며 一向正念하야 無異

두 가지 길이 보살의 도이니 지혜와 방편을 출생하는 까닭이다.

세 가지 길이 보살의 도이니 공하고 모양이 없고 원이 없음을 행하여 삼계에 집착하지 않는 까닭이다.

네 가지 행이 보살의 도이니 죄의 장애를 참회하여 없애며, 복덕을 따라 기뻐하며, 공경하고 존중하여 여래께 권청하며, 교묘하게 회향하여 쉬지 않는 까닭이다.

다섯 가지 근이 보살의 도이니 깨끗한 믿음에 편안히 머물러 견고하여 움직이지 않으며, 큰 정진을 일으켜 짓는 바가 끝까지 이르며,

반연   교지삼매입출방편   선능분별지
攀緣하며 巧知三昧入出方便하며 善能分別智

혜경계고
慧境界故요

육통   시보살도
六通이 是菩薩道니라

소위천안   실견일체세계소유중색
所謂天眼으로 悉見一切世界所有衆色하야

지제중생   사차생피고   천이   실문제
知諸衆生의 死此生彼故며 天耳로 悉聞諸

불설법   수지억념   광위중생   수근
佛說法하야 受持憶念하고 廣爲衆生하야 隨根

연창고   타심지   능지타심   자재무애
演暢故며 他心智로 能知他心하야 自在無礙

고
故니라

한결같이 바르게 생각하여 다른 반연이 없으며, 삼매에 들고 나는 방편을 교묘하게 알며, 지혜의 경계를 잘 능히 분별하는 까닭이다.

여섯 가지 신통이 보살의 도이다.

이른바 하늘눈으로 일체 세계에 있는 바 온갖 색을 모두 보아 모든 중생들의 여기서 죽어 저기에 태어남을 아는 까닭이며, 하늘귀로 모든 부처님의 설법을 모두 들어서 받아 지니고 기억하여 널리 중생들을 위하여 근기를 따라 연설하는 까닭이며, 다른 이의 마음을 아는 지혜로 다른 이의 마음을 능히 알아서 자재하여 걸림이 없는 까닭이다.

宿命念으로 憶知過去一切劫數하야 增長善根

故며 神足通으로 隨所應化一切衆生하야 種種

爲現하야 令樂法故며 漏盡智로 現證實際하고 起

菩薩行하야 不斷絶故요

七念이 是菩薩道니라

所謂念佛이니 於一毛孔에 見無量佛하야 開悟

一切衆生心故며 念法이니 不離一如來衆會하고

於一切如來衆會中에 親承妙法하고 隨諸衆生의

전생 일을 아는 생각으로 과거 일체 겁의 수효를 기억하여 알아서 선근을 증장하는 까닭이며, 신묘함이 구족한 신통으로 마땅히 교화할 바 일체 중생을 따라 갖가지로 나타나서 법을 좋아하게 하는 까닭이며, 번뇌가 다한 지혜로 실제를 밝게 증득하고 보살행을 일으켜 끊어지지 않는 까닭이다.

일곱 가지 생각함이 보살의 도이다.

이른바 부처님을 생각함이니 한 모공에서 한량없는 부처님을 친견하고 일체 중생의 마음을 깨우치는 까닭이며, 법을 생각함이니 한 여래의 대중모임을 떠나지 않고 일체 여래의 대

근성욕락   이위연설   영오입고   염승
根性欲樂하야 而爲演說하야 令悟入故며 念僧이니

항상속견   무유휴식   어일체세간   견보
恒相續見하야 無有休息하야 於一切世間에 見菩

살고
薩故니라

염사   요지일체보살사행   증장광대보
念捨니 了知一切菩薩捨行하야 增長廣大布

시심고   염계   불사보리심   이일체선
施心故며 念戒니 不捨菩提心하고 以一切善

근   회향중생고   염천   상억념도솔
根으로 迴向衆生故며 念天이니 常憶念兜率

타천궁   일생보처보살고   염중생   지혜
陀天宮의 一生補處菩薩故며 念衆生이니 智慧

방편   교화조복   보급일체   무간단
方便으로 敎化調伏호대 普及一切하야 無間斷

중모임에서 묘한 법문을 친히 받들고 모든 중생들의 근성과 욕락을 따라서 연설하여 깨달아 들게 하는 까닭이며, 스님을 생각함이니 항상 계속 보아서 휴식함이 없어 일체 세간에서 보살을 친견하는 까닭이다.

버림을 생각함이니 일체 보살의 버리는 행을 밝게 알아서 광대하게 보시하는 마음을 증장하는 까닭이며, 계를 생각함이니 보리심을 버리지 않고 일체 선근으로 중생들에게 회향하는 까닭이며, 하늘을 생각함이니 항상 도솔타천궁의 일생보처 보살을 생각하는 까닭이며, 중생을 생각함이니 지혜와 방편으로 교화하고 조복하되

고
故요

수순보리팔성도　　시보살도
隨順菩提八聖道가 是菩薩道니라

소위행정견도　　원리일체제사견고　　기정
所謂行正見道니 遠離一切諸邪見故며 起正

사유　　사망분별　　　심상수순일체지고　　상
思惟니 捨妄分別하고 心常隨順一切智故며 常

행정어　　이어사과　　　순성언고　　항수정
行正語니 離語四過하고 順聖言故며 恒修正

업　　교화중생　　영조복고
業이니 教化衆生하야 令調伏故니라

안주정명　　두타지족　　위의심정　　수순
安住正命이니 頭陀知足하며 威儀審正하며 隨順

보리　　행사성종　　일체과실　　개영리고
菩提하며 行四聖種하야 一切過失을 皆永離故며

일체에게 널리 미치어 끊어짐이 없는 까닭이다.

　보리의 여덟 가지 성스러운 길을 따르는 것이 보살의 도이다.

　이른바 바른 견해의 도를 행함이니 일체 모든 삿된 견해를 멀리 여의는 까닭이며, 바른 사유를 일으킴이니 허망한 분별을 버리고 마음이 항상 일체지를 따르는 까닭이며, 항상 바른 말을 행함이니 말의 네 가지 허물을 여의고 성인의 말을 따르는 까닭이며, 항상 바른 업을 닦음이니 중생을 교화하여 조복하게 하는 까닭이다.

　바른 생활에 편안히 머무름이니 두타로 만족함을 알며 위의를 바르게 하며 보리를 수순하

기정정진　　　근수일체보살고행　　　입불십
起正精進이니 勤修一切菩薩苦行하야 入佛十

력　　무가애고
力하야 無罣礙故니라

심상정념　　　실능억지일체언음　　　제멸세
心常正念이니 悉能憶持一切言音하야 除滅世

간산동심고　　　심상정정　　　선입보살부사의
間散動心故며 心常正定이니 善入菩薩不思議

해탈문　　어일삼매중　　출생일체제삼매
解脫門하야 於一三昧中에 出生一切諸三昧

고
故니라

입구차제정　　　시보살도
入九次第定이 是菩薩道니라

소위이욕에해　　　이이일체어업　　　설법무
所謂離欲恚害호대 而以一切語業으로 說法無

며 네 성인의 종자를 행하여 일체 허물을 다 영원히 여의는 까닭이며, 바른 정진을 일으킴이니 일체 보살의 고행을 부지런히 닦아 부처님의 십력에 들어가 걸림이 없는 까닭이다.

마음이 항상 바르게 살핌이니 일체 말과 음성을 모두 능히 기억해 지녀서 세간의 산란한 마음을 멸하여 없애는 까닭이며, 마음이 항상 바르게 안정됨이니 보살의 부사의한 해탈문에 잘 들어가서 한 삼매 가운데 일체 모든 삼매를 출생하는 까닭이다.

아홉 가지 차례로 얻는 선정에 들어감이 보살의 도이다.

애
礙하나라

멸제각관　　　이이일체지각관　　　교화중
滅除覺觀호대 而以一切智覺觀으로 敎化衆

생
生하나라

사리희애　　　이견일체불　　심대환희
捨離喜愛호대 而見一切佛에 心大歡喜하나라

이세간락　　　이수순출세보살도락
離世間樂호대 而隨順出世菩薩道樂하나라

종차부동　　　입무색정　　　이역불사욕색수
從此不動하야 入無色定호대 而亦不捨欲色受

생
生하나라

수주멸일체상수정　　　이역불식보살행고
雖住滅一切想受定이니 而亦不息菩薩行故요

이른바 욕심과 성냄과 해침을 여의되 일체 말의 업으로써 법을 설함이 걸림 없다.

  거친 생각과 미세한 생각을 멸하여 없애되 일체 지혜의 각관으로 중생을 교화한다.

  기쁨과 사랑을 버리어 여의되 일체 부처님을 친견하고 마음이 크게 환희한다.

  세간의 낙을 떠나되 출세간의 보살도의 낙을 따른다.

  이로부터 흔들리지 아니하고 무색계의 선정에 들되 또한 욕계와 색계에 태어남을 버리지 아니한다.

  비록 일체 생각과 느낌을 없앤 선정에 머무

학불십력 시보살도
學佛十力이 是菩薩道니라

소위선지시처비처지 선지일체중생 거
所謂善知是處非處智와 善知一切衆生의 去

래현재업보인과지
來現在業報因果智니라

선지일체중생 상중하근부동 수의설법
善知一切衆生의 上中下根不同하야 隨宜說法

지 선지일체중생 종종무량성지
智와 善知一切衆生의 種種無量性智니라

선지일체중생 욕중상해차별 영입법방
善知一切衆生의 欲中上解差別하야 令入法方

편지 변일체세간일체찰일체삼세일체
便智와 徧一切世間一切刹一切三世一切

겁 보현여래형상위의 이역불사보살
劫하야 普現如來形相威儀호대 而亦不捨菩薩

르되 또한 보살행을 쉬지 않는 까닭이다.

부처님의 십력을 배움이 보살의 도이다.

이른바 옳은 도리와 그른 도리를 잘 아는 지혜이며, 일체 중생의 과거·미래·현재의 업과 과보의 원인과 결과를 잘 아는 지혜이다.

일체 중생의 상·중·하 근기가 같지 않음을 잘 알고 마땅함을 따라 법을 설하는 지혜이며, 일체 중생의 갖가지 한량없는 성품을 잘 아는 지혜이다.

일체 중생의 하·중·상의 지혜가 차별함을 잘 알고 법의 방편에 들게 하는 지혜이며, 일체 세간과 일체 세계와 일체 삼세와 일체 겁에 두

소행지
所行智이니라

선지일체제선해탈 급제삼매 약구약정
善知一切諸禪解脫과 **及諸三昧**의 **若垢若淨**과

시여비시 방편출생제보살해탈문지 지
時與非時하야 **方便出生諸菩薩解脫門智**와 **知**

일체중생 어제취중사차생피차별지
一切衆生의 **於諸趣中死此生彼差別智**니라

어일념중 실지삼세일체겁수지 선지일
於一念中에 **悉知三世一切劫數智**와 **善知一**

체중생 낙욕제사혹습멸진지 이불사리
切衆生의 **樂欲諸使惑習滅盡智**로 **而不捨離**

제보살행
諸菩薩行이니라

시위십
是爲十이니라

루하여 여래의 형상과 위의를 널리 나타내되 또한 보살의 행할 바를 버리지 않는 지혜이다.

일체 모든 선정과 해탈과 모든 삼매의 더럽고 깨끗함과 때와 때 아님을 잘 알아서 방편으로 모든 보살의 해탈문을 출생하는 지혜이며, 일체 중생의 모든 갈래에서 여기서 죽고 저기에 태어나는 차별을 아는 지혜이다.

한 생각 동안에 삼세의 일체 겁의 수효를 모두 아는 지혜이며, 일체 중생의 욕락과 모든 번뇌와 의혹과 습기를 다 없앰을 잘 아는 지혜로, 모든 보살의 행을 버리어 여의지 아니한다. 이것이 열이다.

약제보살   안주차법   즉득일체여래   무
若諸菩薩이 安住此法하면 則得一切如來의 無

상교방편도
上巧方便道니라

불자   보살마하살   유무량도   무량조도
佛子야 菩薩摩訶薩이 有無量道와 無量助道와

무량수도   무량장엄도
無量修道와 無量莊嚴道니라

불자   보살마하살   유십종무량도
佛子야 菩薩摩訶薩이 有十種無量道하니라

하등   위십
何等이 爲十고

소위허공   무량고   보살도   역무량   법
所謂虛空이 無量故로 菩薩道도 亦無量하며 法

만약 모든 보살들이 이 법에 편안히 머무르면 곧 일체 여래의 위없는 교묘한 방편의 도를 얻는다.

불자들이여, 보살마하살이 한량없는 도와 한량없는 도를 도움과 한량없는 도를 닦음과 한량없는 도를 장엄함이 있다.

불자들이여, 보살마하살이 열 가지 한량없는 도가 있다.

무엇이 열인가?

이른바 허공이 한량없는 까닭으로 보살의 도가 또한 한량없으며, 법계가 가없는 까닭으

界가 無邊故로 菩薩道도 亦無量하며 衆生界가

無盡故로 菩薩道도 亦無量하며 世界가 無際

故로 菩薩道도 亦無量하니라

劫數가 不可盡故로 菩薩道도 亦無量하며 一切

衆生語言法이 無量故로 菩薩道도 亦無量하며

如來身이 無量故로 菩薩道도 亦無量하며 佛音

聲이 無量故로 菩薩道도 亦無量하니라

如來力이 無量故로 菩薩道도 亦無量하며 一切

로 보살의 도가 또한 한량없으며, 중생계가 다함없는 까닭으로 보살의 도가 또한 한량없으며, 세계가 끝이 없는 까닭으로 보살의 도가 또한 한량없다.

겁의 수효가 다하지 않는 까닭으로 보살의 도가 또한 한량없으며, 일체 중생의 말하는 법이 한량없는 까닭으로 보살의 도가 또한 한량없으며, 여래의 몸이 한량없는 까닭으로 보살의 도가 또한 한량없으며, 부처님의 음성이 한량없는 까닭으로 보살의 도가 또한 한량없다.

여래의 힘이 한량없는 까닭으로 보살의 도가

지지　무량고　　보살도　역무량
智智가 **無量故**로 **菩薩道**도 **亦無量**이니라

시위십
是爲十이니라

불자　보살마하살　　유십종무량조도
佛子야 **菩薩摩訶薩**이 **有十種無量助道**하나라

소위여허공계무량　　　　보살집조도　　역무
所謂如虛空界無量하야 **菩薩集助道**도 **亦無**

량　　　여법계무변　　　　보살집조도　　역무
量하며 **如法界無邊**하야 **菩薩集助道**도 **亦無**

변　　　여중생계무진　　　보살집조도　　역무
邊하며 **如衆生界無盡**하야 **菩薩集助道**도 **亦無**

진　　　여세계무제　　　　보살집조도　　역무
盡하며 **如世界無際**하야 **菩薩集助道**도 **亦無**

또한 한량없으며, 일체지의 지혜가 한량없는 까닭으로 보살의 도가 또한 한량없다.

이것이 열이다.

불자들이여, 보살마하살이 열 가지 한량없는 도를 도움이 있다.

이른바 허공계가 한량없듯이 보살이 모으는 도를 도움이 또한 한량없으며, 법계가 가없듯이 보살이 모으는 도를 도움이 또한 가없으며, 중생계가 다함없듯이 보살이 모으는 도를 도움이 또한 다함없으며, 세계가 끝없듯이 보살이 모으는 도를 도움이 또한 끝없다.

제
際하니라

여겁수설불가진   보살집조도   역일체세
如劫數說不可盡하야 菩薩集助道도 亦一切世

간   설불능진   여중생어언법무량   보
間이 說不能盡하며 如衆生語言法無量하야 菩

살집조도   출생지혜   지어언법   역무
薩集助道로 出生智慧하야 知語言法도 亦無

량   여여래신무량   보살집조도   변일
量하며 如如來身無量하야 菩薩集助道가 徧一

체중생일체찰일체세일체겁   역무량
切衆生一切刹一切世一切劫도 亦無量하니라

여불음성무량   보살   출일언음   주변법
如佛音聲無量하야 菩薩이 出一言音에 周徧法

계   일체중생   무불문지고   소집조도
界하야 一切衆生이 無不聞知故로 所集助道도

겁의 수효를 말로 다할 수 없듯이 보살이 모으는 도를 도움이 또한 일체 세간에서 말로 다할 수 없으며, 중생의 말하는 법이 한량없듯이 보살이 모으는 도를 도움이 지혜를 출생하여 말의 법을 아는 것이 또한 한량없으며, 여래의 몸이 한량없듯이 보살이 모으는 도를 도움이 일체 중생과 일체 세계와 일체 세상과 일체 겁에 두루한 것이 또한 한량없다.

부처님의 음성이 한량없듯이 보살이 한 음성을 냄에 법계에 두루하여 일체 중생이 듣고 알지 못하는 이가 없는 까닭으로 모으는 바 도를 도움이 또한 한량없으며, 부처님의 힘이

亦無量하며 如佛力無量하야 菩薩이 承如來
力하야 積集助道도 亦無量하며 如一切智智無
量하야 菩薩積集助道도 亦如是無有量이니라

是爲十이니라

若諸菩薩이 安住此法하면 則得如來無量智

慧니라

佛子야 菩薩摩訶薩이 有十種無量修道하니라

한량없듯이 보살이 여래의 힘을 받들어 쌓아 모으는 도를 도움이 또한 한량없으며, 일체지의 지혜가 한량없듯이 보살이 쌓아 모으는 도를 도움이 또한 이와 같이 한량없다.

이것이 열이다.

만약 모든 보살들이 이 법에 편안히 머무르면 곧 여래의 한량없는 지혜를 얻는다.

불자들이여, 보살마하살이 열 가지 한량없는 도를 닦음이 있다.

무엇이 열인가?

이른바 오지도 않고 가지도 않는 닦음이니

하등 위십
何等이 爲十고

소위불래불거수 신어의업 무동작고 부
所謂不來不去修니 身語意業이 無動作故며 不

증불감수 여본성고 비유비무수 무자성
增不減修니 如本性故며 非有非無修니 無自性

고
故니라

여환여몽 여영여향 여경중상 여열
如幻如夢하며 如影如響하며 如鏡中像하며 如熱

시염 여수중월수 이일체집착고
時燄하며 如水中月修니 離一切執著故니라

공무상무원무작수 명견삼계 이집복
空無相無願無作修니 明見三界하고 而集福

덕 불휴식고 불가설무언설이언설수
德하야 不休息故며 不可說無言說離言說修니

몸과 말과 뜻의 업이 동작이 없는 까닭이며, 더하지도 않고 덜하지도 않는 닦음이니 본래 성품과 같은 까닭이며, 있음도 아니고 없음도 아닌 닦음이니 자체 성품이 없는 까닭이다.

환과 같고, 꿈과 같고, 그림자와 같고, 메아리와 같고, 거울 속의 형상과 같고, 무더울 때의 아지랑이와 같고, 물속의 달과 같은 닦음이니 일체 집착을 여의는 까닭이다.

공하고 모양이 없고 원이 없고 지음이 없는 닦음이니 삼계를 밝게 보고 복덕을 모아 쉬지 않는 까닭이며, 말할 수 없고 말이 없고 말을 여읜 닦음이니 시설하고 안립하는 법을 멀리

원리시설안립법고　불괴법계수　지혜현
遠離施設安立法故며 不壞法界修니 智慧現

지일체법고
知一切法故니라

불괴진여실제수　보입진여실제허공제고
不壞眞如實際修니 普入眞如實際虛空際故며

광대지혜수　제유소작　역무진고　주여래
廣大智慧修니 諸有所作이 力無盡故며 住如來

십력사무소외일체지지평등수　현견일체
十力四無所畏一切智智平等修니 現見一切

법　무의혹고
法하야 無疑惑故니라

시위십
是爲十이니라

약제보살　안주차법　즉득여래일체지무
若諸菩薩이 安住此法하면 則得如來一切智無

여의는 까닭이며, 법계를 깨뜨리지 않는 닦음이니 지혜로 일체 법을 밝게 아는 까닭이다.

　진여의 진실한 경계를 무너뜨리지 않는 닦음이니 진여의 진실한 경계와 허공의 경계에 널리 들어가는 까닭이며, 광대한 지혜로 닦음이니 모든 짓는 바에 힘이 다하지 않는 까닭이며, 여래의 십력과 사무소외와 일체지의 지혜가 평등함에 머무른 닦음이니 일체 법을 눈앞에 보고 의혹이 없는 까닭이다.

　이것이 열이다.

　만약 모든 보살들이 이 법에 편안히 머무르면 곧 여래의 일체지와 위없는 선교로 닦음을

상선교수
上善巧修니라

불자 보살마하살 유십종장엄도
佛子야 **菩薩摩訶薩**이 **有十種莊嚴道**하니라

하등 위십
何等이 **爲十**고

불자 보살마하살 불리욕계 입색계무
佛子야 **菩薩摩訶薩**이 **不離欲界**하고 **入色界無**

색계선정해탈 급제삼매 역불인차
色界禪定解脫과 **及諸三昧**호대 **亦不因此**하야

이수피생 시위제일장엄도
而受彼生이 **是爲第一莊嚴道**요

지혜현전 입성문도 불이차도 이취
智慧現前하야 **入聲聞道**호대 **不以此道**로 **而取**

얻는다.

불자들이여, 보살마하살이 열 가지 장엄하는 도가 있다.

무엇이 열인가?

불자들이여, 보살마하살이 욕계를 떠나지 아니하고, 색계와 무색계의 선정과 해탈과 모든 삼매에 들어가되 또한 이것을 인하여 저기에 태어나지도 아니한다. 이것이 첫째 장엄하는 도이다.

지혜가 앞에 나타나서 성문의 도에 들어가되 이 도로써 벗어남을 취하지 아니한다. 이것이

출리　시위제이장엄도
出離가 是爲第二莊嚴道요

지혜현전　　입벽지불도　　이기대비　　무
智慧現前하야 入辟支佛道호대 而起大悲하야 無

유휴식　시위제삼장엄도
有休息이 是爲第三莊嚴道요

수유인천권속위요　　백천채녀가무시종
雖有人天眷屬圍遶와 百千采女歌舞侍從이나

미증잠사선정해탈　　급제삼매　　시위제사
未曾暫捨禪定解脫과 及諸三昧가 是爲第四

장엄도
莊嚴道요

여일체중생　　수제욕락　　공상오락　　내
與一切衆生으로 受諸欲樂하야 共相娛樂호대 乃

지미증어일념간　사리보살평등삼매　　시
至未曾於一念間도 捨離菩薩平等三昧가 是

둘째 장엄하는 도이다.

지혜가 앞에 나타나서 벽지불의 도에 들어가되 대비를 일으켜 쉬지 아니한다. 이것이 셋째 장엄하는 도이다.

비록 인간과 천상의 권속들이 둘러싸 있고 백천의 채녀들이 노래하고 춤추며 시중들더라도, 일찍이 잠시도 선정과 해탈과 모든 삼매를 버리지 아니하였다. 이것이 넷째 장엄하는 도이다.

일체 중생과 함께 모든 욕락을 받아서 함께 서로 즐거워하되 내지 일찍이 한 생각 사이도 보살의 평등한 삼매를 버리어 여의지 아니하였다. 이것이 다섯째 장엄하는 도이다.

위제오장엄도
爲第五莊嚴道요

이도일체세간피안 어제세법 실무소
已到一切世間彼岸하야 於諸世法에 悉無所

착 이역불사도중생행 시위제육장엄
著호대 而亦不捨度衆生行이 是爲第六莊嚴

도
道요

안주정도정지정견 이능시입일체사도
安住正道正智正見호대 而能示入一切邪道하야

불취위실 부집위정 영피중생 원리
不取爲實하며 不執爲淨하야 令彼衆生으로 遠離

사법 시위제칠장엄도
邪法이 是爲第七莊嚴道요

상선호지여래정계 신어의업 무제과
常善護持如來淨戒하야 身語意業이 無諸過

이미 일체 세간의 피안에 이르러 모든 세상 법에 다 집착하는 바가 없되 또한 중생을 제도하는 행을 버리지 아니한다. 이것이 여섯째 장엄하는 도이다.

바른 길과 바른 지혜와 바른 견해에 편안히 머무르되 일체 삿된 길에 들어감을 능히 보여서, 진실하다고 생각하여 취하지 아니하며 깨끗하다고 생각하여 집착하지 아니하여, 저 중생들로 하여금 삿된 법을 멀리 여의게 한다. 이것이 일곱째 장엄하는 도이다.

여래의 청정한 계를 항상 잘 보호해 지니고 몸과 말과 뜻의 업이 모든 허물이 없으나, 계

失호대 爲欲敎化犯戒衆生하야 示行一切凡愚
之行하나니라

雖已具足淸淨福德하야 住菩薩趣나 而示生於
一切地獄畜生餓鬼와 及諸險難貧窮等處하야
令彼衆生으로 皆得解脫호대 而實菩薩은 不生
彼趣가 是爲第八莊嚴道요

不由他敎하고 得無礙辯智慧光明하야 普能照
了一切佛法이나 爲一切如來神力所持하며 與

를 범한 중생을 교화하려 하여 일체 어리석은 범부의 행을 행하여 보인다.

　비록 청정한 복덕을 이미 구족하여 보살의 갈래에 머무르나 일체 지옥과 축생과 아귀와 그리고 모든 험난하고 빈궁한 등의 곳에 태어남을 보여서 저 중생들로 하여금 다 해탈을 얻게 하되, 진실로 보살은 저 갈래에 태어나지 않는다. 이것이 여덟째 장엄하는 도이다.

　다른 이의 가르침을 말미암지 않고 걸림 없는 변재와 지혜의 광명을 얻어서 널리 일체 부처님 법을 능히 밝게 비추나 일체 여래의 위신력으로 가지한 바가 된다. 일체 모든 부처님과

일체제불   동일법신   성취일체견고대인
一切諸佛로 同一法身하야 成就一切堅固大人

명정밀법   안주일체평등제승
明淨密法이나 安住一切平等諸乘하나라

제불경계   개현기전   구족일체세지광
諸佛境界가 皆現其前하야 具足一切世智光

명   조견일체제중생계   능위중생작지
明하야 照見一切諸衆生界하야 能爲衆生作知

법사   이시구정법   미증휴식
法師나 而示求正法하야 未曾休息하나라

수실여중생   작무상사   이시행존경사
雖實與衆生으로 作無上師나 而示行尊敬闍

리화상   하이고   보살마하살   선교방
黎和尙하나니 何以故오 菩薩摩訶薩이 善巧方

편   주보살도   수기소응   개위시현
便으로 住菩薩道하야 隨其所應하야 皆爲示現이

더불어 법신이 같으며, 일체 견고한 대인의 밝고 깨끗한 비밀한 법을 성취하였으나 일체 평등한 모든 탈 것에 편안히 머무른다.

모든 부처님의 경계가 그 앞에 다 나타나 일체 세상의 지혜 광명을 구족하여 일체 모든 중생계를 비추어 보아서 능히 중생들을 위하여 법을 아는 스승이 되었으나 바른 법을 구함을 보이기를 일찍이 쉬지 아니하였다.

비록 실로 중생들에게 위없는 스승이 되었으나 아사리화상에게 존경을 행함을 보인다. 왜냐하면 보살마하살이 선교 방편으로 보살의 도에 머물러서 그 마땅한 바를 따라서 다

시위제구장엄도
是爲第九莊嚴道요

선근구족   제행구경   일체여래 소공
善根具足하고 諸行究竟하야 一切如來의 所共

관정   도일체법자재피안   무애법증
灌頂이며 到一切法自在彼岸하야 無礙法繒으로

이관기수   기신   변지일체세계   보현
以冠其首하며 其身이 徧至一切世界하야 普現

여래무애지신   어법자재   최상구경
如來無礙之身하며 於法自在하야 最上究竟하야

전어무애청정법륜   일체보살자재지법
轉於無礙淸淨法輪하며 一切菩薩自在之法을

개이성취   이위중생고   어일체국토   시
皆已成就호대 而爲衆生故로 於一切國土에 示

현수생
現受生하니라

나타내 보인다. 이것이 아홉째 장엄하는 도이다.

　선근이 구족하고 모든 행이 끝까지 이르러 일체 여래께서 함께 관정하시는 바이며, 일체 법이 자재한 피안에 이르러 걸림 없는 법의 비단으로 그 머리를 꾸미었다. 그 몸이 일체 세계에 두루 이르러 여래의 걸림 없는 몸을 널리 나타내며, 법에 자재하여 최상으로 끝까지 이르러서 걸림 없이 청정한 법륜을 굴리며, 일체 보살의 자재한 법을 다 이미 성취하였으되 중생을 위한 까닭으로 일체 국토에 태어남을 나타내 보인다.

여삼세제불 동일경계 이불폐보살행
與三世諸佛로 同一境界호대 而不廢菩薩行하며

불사보살법 불해보살업 불리보살
不捨菩薩法하며 不懈菩薩業하며 不離菩薩

도 불이보살의 부단보살취 불식보
道하며 不弛菩薩儀하며 不斷菩薩取하며 不息菩

살교방편 부절보살소작사 불염보살
薩巧方便하며 不絶菩薩所作事하며 不厭菩薩

생성용 부지보살주지력
生成用하며 不止菩薩住持力하나니라

하이고 보살 욕질증아뇩다라삼먁삼보
何以故오 菩薩이 欲疾證阿耨多羅三藐三菩

리 관일체지문 수보살행 무휴식
提하야 觀一切智門하고 修菩薩行하야 無休息

고 시위제십장엄도
故라 是爲第十莊嚴道니라

삼세 모든 부처님과 더불어 경계가 같으나 보살의 행을 그만두지 않으며, 보살의 법을 버리지 않으며, 보살의 업을 게을리하지 않으며, 보살의 도를 여의지 않으며, 보살의 위의를 느슨하게 하지 않으며, 보살의 취함을 끊지 않으며, 보살의 교묘한 방편을 쉬지 않으며, 보살의 지을 바 일을 끊지 않으며, 보살의 이루는 작용을 싫어하지 않으며, 보살의 머물러 유지하는 힘을 그치지 않는다.

무슨 까닭인가? 보살이 아뇩다라삼먁삼보리를 빨리 증득하려고 일체 지혜의 문을 관하며 보살의 행을 닦아 휴식함이 없는 까닭이다.

약제보살　안주차법　　즉득여래무상대장
若諸菩薩이 安住此法하면 則得如來無上大莊

엄도　　역불사보살도
嚴道호대 亦不捨菩薩道니라

불자　보살마하살　유십종족
佛子야 菩薩摩訶薩이 有十種足하니라

하등　위십
何等이 爲十고

소위지계족　　수승대원　실성만고　정진
所謂持戒足이니 殊勝大願이 悉成滿故며 精進

족　　집일체보리분법　　불퇴전고　신통
足이니 集一切菩提分法하야 不退轉故며 神通

족　　수중생욕　　영환희고　신력족　　불
足이니 隨衆生欲하야 令歡喜故며 神力足이니 不

이것이 열째 장엄하는 도이다.

만약 모든 보살들이 이 법에 편안히 머무르면 곧 여래의 위없는 큰 장엄하는 도를 얻되 또한 보살의 도를 버리지 않는다.

불자들이여, 보살마하살이 열 가지 발이 있다. 무엇이 열인가?

이른바 계를 지니는 발이니 수승한 큰 서원을 모두 원만히 이루는 까닭이며, 정진하는 발이니 일체 보리의 부분법을 모아 물러나지 않는 까닭이며, 신통의 발이니 중생의 욕망을 따라 환희하게 하는 까닭이며, 신통한 힘의

리일불찰　　왕일체불찰고
離一佛刹하고 往一切佛刹故니라

심심족　　　원구일체수승법고　　견서족
深心足이니 願求一切殊勝法故며 堅誓足이니

일체소작　　함구경고　　수순족　　불위일체
一切所作이 咸究竟故며 隨順足이니 不違一切

존자교고
尊者敎故니라

낙법족　　문지일체불소설법　　　불피해고
樂法足이니 聞持一切佛所說法하야 不疲懈故며

법우족　　위중연설　　무겁약고　　수행족
法雨足이니 爲衆演說에 無怯弱故며 修行足이니

일체제악　　실원리고
一切諸惡을 悉遠離故니라

시위십
是爲十이니라

발이니 한 부처님 세계를 떠나지 않고 일체 부처님 세계에 가는 까닭이다.

깊은 마음의 발이니 일체 수승한 법을 구하기를 원하는 까닭이며, 견고한 서원의 발이니 일체 짓는 바가 다 끝까지 이르는 까닭이며, 따라 주는 발이니 일체 높은 분의 가르침을 어기지 않는 까닭이다.

법을 좋아하는 발이니 일체 부처님께서 설하신 법을 들어 지니고 피로해하거나 게으르지 않는 까닭이며, 법비의 발이니 대중을 위하여 연설하되 겁약이 없는 까닭이며, 수행하는 발이니 일체 모든 악을 다 멀리 여의는 까닭이다.

약제보살 안주차법 즉득여래무상최승
若諸菩薩이 安住此法하면 則得如來無上最勝

족 약일거보 실능변지일체세계
足하야 若一擧步에 悉能徧至一切世界니라

불자 보살마하살 유십종수
佛子야 菩薩摩訶薩이 有十種手하니라

하등 위십
何等이 爲十고

소위심신수 어불소설 일향인가 구경
所謂深信手니 於佛所說에 一向忍可하야 究竟

수지고 보시수 유래구자 수기소욕
受持故며 布施手니 有來求者에 隨其所欲하야

개령충만고
皆令充滿故니라

이것이 열이다.

만약 모든 보살들이 이 법에 편안히 머무르면 곧 여래의 위없고 가장 수승한 발을 얻어서 만약 한번 발을 들어 걸으면 모두 능히 일체 세계에 두루 이른다.

불자들이여, 보살마하살이 열 가지 손이 있다. 무엇이 열인가?

이른바 깊이 믿는 손이니 부처님께서 설하신 바를 한결같이 알고 끝까지 받들어 지니는 까닭이며, 보시하는 손이니 와서 구하는 자가 있으면 그 바라는 바를 따라서 다 충만하게

선의문신수　　서전우장　　　상영인고　　공
先意問訊手니 舒展右掌하야 相迎引故며 供

양제불수　　집중복덕　　　무피염고
養諸佛手니 集衆福德하야 無疲厭故니라

다문선교수　　실단일체중생의고　　영초
多聞善巧手니 悉斷一切衆生疑故며 令超

삼계수　　수여중생　　　발출욕니고
三界手니 授與衆生하야 拔出欲泥故니라

치어피안수　　사폭류중　　구익중생고　　불
置於彼岸手니 四暴流中에 救溺衆生故며 不

린정법수　　소유묘법　　　실이개시고
吝正法手니 所有妙法을 悉以開示故니라

선용중론수　　이지혜약　　　멸신심병
善用衆論手니 以智慧藥으로 滅身心病

고　　항지지보수　　개법광명　　파번뇌암
故며 恒持智寶手니 開法光明하야 破煩惱闇

하는 까닭이다.

 먼저 뜻을 내어 문안하는 손이니 오른손을 펴서 맞아 영접하는 까닭이며, 모든 부처님께 공양올리는 손이니 온갖 복덕을 모아서 피로해하거나 싫어함이 없는 까닭이다.

 많이 들어서 교묘한 손이니 일체 중생의 의심을 모두 끊는 까닭이며, 삼계를 뛰어넘게 하는 손이니 중생들을 욕망의 수렁에서 빼내어 건져주는 까닭이다.

 피안에 두는 손이니 네 가지 폭류 속에 빠진 중생들을 구해 주는 까닭이며, 바른 법을 아끼지 않는 손이니 가지고 있는 묘한 법을 다

고
故니라

시위십
是爲十이니라

약제보살   안주차법   즉득여래무상수
若諸菩薩이 安住此法하면 則得如來無上手하야

보부시방일체세계
普覆十方一切世界니라

불자   보살마하살   유십종복
佛子야 菩薩摩訶薩이 有十種腹하나라

하등   위십
何等이 爲十고

소위이첨곡복   심청정고   이환위복
所謂離諂曲腹이니 心淸淨故며 離幻僞腹이니

열어 보이는 까닭이다.

 온갖 언론을 잘 쓰는 손이니 지혜의 약으로 몸과 마음의 병을 없애는 까닭이며, 지혜 보배를 항상 가지는 손이니 법의 광명을 열어 번뇌의 어두움을 깨뜨리는 까닭이다.

 이것이 열이다.

 만약 모든 보살들이 이 법에 편안히 머무르면 곧 여래의 위없는 손을 얻어서 시방의 일체 세계를 널리 덮는다.

 불자들이여, 보살마하살이 열 가지 배가 있다. 무엇이 열인가?

성질직고　　불허가복　　무험피고　　무기탈
性質直故며 **不虛假腹**이니 **無險詖故**며 **無欺奪**

복　　어일체물　무소탐고
腹이니 **於一切物**에 **無所貪故**니라

단번뇌복　　구지혜고　　청정심복　　　이제
斷煩惱腹이니 **具智慧故**며 **淸淨心腹**이니 **離諸**

악고　관찰음식복　　염여실법고
惡故며 **觀察飮食腹**이니 **念如實法故**니라

관찰무작복　　각오연기고　　각오일체
觀察無作腹이니 **覺悟緣起故**며 **覺悟一切**

출리도복　　선성숙심심고　　원리일
出離道腹이니 **善成熟深心故**며 **遠離一**

체변견구복　　영일체중생　　득입불복
切邊見垢腹이니 **令一切衆生**으로 **得入佛腹**

고
故니라

이른바 아첨과 바르지 않음을 여읜 배이니 마음이 청정한 까닭이며, 거짓 환을 여읜 배이니 성품이 바르고 곧은 까닭이며, 헛되지 않은 배이니 험하고 치우침이 없는 까닭이며, 속이고 빼앗음이 없는 배이니 일체 물건에 탐하는 바가 없는 까닭이다.

　번뇌가 끊어진 배이니 지혜를 갖춘 까닭이며, 깨끗한 마음의 배이니 모든 악을 여읜 까닭이며, 음식을 관찰하는 배이니 사실과 같은 법을 생각하는 까닭이다.

　지음이 없음을 관찰하는 배이니 인연으로 일어남을 깨닫는 까닭이며, 일체 벗어나는 길을

시위십
是爲十이니라

약제보살   안주차법   즉득여래무상광대
若諸菩薩이 **安住此法**하면 **則得如來無上廣大**

복   실능용수일체중생
腹하야 **悉能容受一切衆生**이니라

불자   보살마하살   유십종장
佛子야 **菩薩摩訶薩**이 **有十種藏**하나라

하등   위십
何等이 **爲十**고

소위부단불종   시보살장   개시불법무량
所謂不斷佛種이 **是菩薩藏**이니 **開示佛法無量**

위덕고   증장법종   시보살장   출생지혜
威德故며 **增長法種**이 **是菩薩藏**이니 **出生智慧**

깨달은 배이니 깊은 마음을 잘 성숙한 까닭이며, 일체 치우친 소견의 때를 멀리 여읜 배이니 일체 중생으로 하여금 부처님의 배에 듦을 얻게 하는 까닭이다.

이것이 열이다.

만약 모든 보살들이 이 법에 편안히 머무르면 곧 여래의 위없는 광대한 배를 얻어서 일체 중생을 모두 능히 수용한다.

불자들이여, 보살마하살이 열 가지 장이 있다. 무엇이 열인가?

이른바 부처님의 종자를 끊지 않음이 보살의

광대광명고　　주지승종　　시보살장　　　영기
廣大光明故며 住持僧種이 是菩薩藏이니 令其

득입불퇴법륜고
得入不退法輪故니라

각오정정중생　　시보살장　　　선수기시
覺悟正定衆生이 是菩薩藏이니 善隨其時하야

불유일념고　　구경성숙부정중생　　시보살
不逾一念故며 究竟成熟不定衆生이 是菩薩

장　　영인상속　　　무유간단고　　위사정중
藏이니 令因相續하야 無有間斷故며 爲邪定衆

생　　발기대비　　시보살장　　　영미래인
生하야 發起大悲가 是菩薩藏이니 令未來因으로

실득성취고
悉得成就故니라

만불십력불가괴인　　시보살장　　구항복마
滿佛十力不可壞因이 是菩薩藏이니 具降伏魔

장이니 부처님 법의 한량없는 위엄과 공덕을 열어 보이는 까닭이며, 법의 종자를 증장함이 보살의 장이니 지혜의 광대한 광명을 내는 까닭이며, 스님의 종자를 머물러 유지함이 보살의 장이니 그들로 하여금 물러나지 않는 법륜에 듦을 얻게 하는 까닭이다.

바르게 결정된 중생을 깨닫게 함이 보살의 장이니 그 때를 잘 따라서 한 생각도 넘기지 않는 까닭이며, 결정되지 못한 중생을 끝까지 성숙하게 함이 보살의 장이니 원인이 서로 계속하여 끊어짐이 없게 하는 까닭이며, 잘못 결정된 중생을 위하여 대비를 일으킴이 보살의 장이니 미

軍無對善根故_며 最勝無畏大師子吼_가 是菩

薩藏_{이니} 令一切衆生_{으로} 皆歡喜故_{니라}

得佛十八不共法_이 是菩薩藏_{이니} 智慧普入

一切處故_며 普了知一切衆生一切刹一切法

一切佛_이 是菩薩藏_{이니} 於一念中_에 悉明見

故_{니라}

是爲十_{이니라}

若諸菩薩_이 安住此法_{하면} 則得如來無上善根

래의 원인이 다 성숙함을 얻게 하는 까닭이다.

 부처님의 열 가지 힘의 깨뜨릴 수 없는 원인을 만족함이 보살의 장이니 마군을 항복 받아 상대가 없는 선근을 갖춘 까닭이며, 가장 수승하고 두려움 없이 크게 사자후함이 보살의 장이니 일체 중생으로 하여금 다 환희하게 하는 까닭이다.

 부처님의 열여덟 가지 함께하지 않는 법을 얻음이 보살의 장이니 지혜로 일체 처에 널리 들어가는 까닭이며, 일체 중생과 일체 세계와 일체 법과 일체 부처님을 널리 밝게 아는 것이 보살의 장이니 잠깐 동안에 모두 분명하게 보는 까닭이다.

불가괴대지혜장
不可壞大智慧藏이니라

불자 보살마하살 유십종심
佛子야 **菩薩摩訶薩**이 **有十種心**하니라

하등 위십
何等이 **爲十**고

소위정근심 일체소작 실구경고 불해
所謂精勤心이니 **一切所作**이 **悉究竟故**며 **不懈**

심 적집상호복덕행고 대용건심 최
心이니 **積集相好福德行故**며 **大勇健心**이니 **摧**

파일체제마군고
破一切諸魔軍故니라

여리행심 제멸일체제번뇌고 불퇴전
如理行心이니 **除滅一切諸煩惱故**며 **不退轉**

이것이 열이다.

만약 모든 보살들이 이 법에 편안히 머무르면 곧 여래의 위없는 선근인 깨뜨릴 수 없는 큰 지혜의 장을 얻는다.

불자들이여, 보살마하살이 열 가지 마음이 있다. 무엇이 열인가?

이른바 정진하는 마음이니 일체 짓는 바가 모두 끝까지 이르는 까닭이며, 게으르지 않은 마음이니 상호와 복덕의 행을 쌓아 모으는 까닭이며, 크게 용맹한 마음이니 일체 모든 마군을 꺾어 부수는 까닭이다.

心이니 乃至菩提에 終不息故며 性淸淨心이니 知

心不動하야 無所著故니라

知衆生心이니 隨其解欲하야 令出離故며 令入

佛法大梵住心이니 知諸衆生의 種種解欲호대

不以別乘으로 而救護故니라

空無相無願無作心이니 見三界相호대 不取著

故며 卍字相金剛堅固勝藏莊嚴心이니 一切衆

生數等魔來라도 乃至不能動一毛故니라

이치대로 행하는 마음이니 일체 모든 번뇌를 멸하여 없애는 까닭이며, 물러나지 않는 마음이니 이에 보리에 이르기까지 마침내 쉬지 않는 까닭이며, 성품이 청정한 마음이니 마음이 흔들리지 않음을 알아서 집착하는 바가 없는 까닭이다.

중생을 아는 마음이니 그 지해와 욕망을 따라 벗어나게 하는 까닭이며, 부처님 법에 들게 하는 큰 범천에 머무르는 마음이니 모든 중생들의 갖가지 지해와 욕망을 알고 다른 탈 것으로 구호하지 않는 까닭이다.

공하고 모양이 없고 원이 없고 지음이 없는 마음이니 삼계의 모양을 보되 집착하지 않는

시위십
是爲十이니라

약제보살 안주차법   즉득여래무상대지
若諸菩薩이 安住此法하면 則得如來無上大智

광명장심
光明藏心이니라

불자 보살마하살   유십종피갑
佛子야 菩薩摩訶薩이 有十種被甲하니라

하등 위십
何等이 爲十고

소위피대자갑   구호일체중생고 피대비
所謂被大慈甲이니 救護一切衆生故며 被大悲

갑   감인일체제고고 피대원갑   일체
甲이니 堪忍一切諸苦故며 被大願甲이니 一切

까닭이며, 만(卍)자 형상의 금강처럼 견고하고 수승한 창고로 장엄하는 마음이니 일체 중생의 수효와 같은 마가 오더라도 내지 능히 한 터럭도 흔들리지 않는 까닭이다.

이것이 열이다.

만약 모든 보살들이 이 법에 편안히 머무르면 곧 여래의 위없는 큰 지혜 광명의 창고 마음을 얻는다.

불자들이여, 보살마하살이 열 가지 갑옷을 입음이 있다.

무엇이 열인가?

소작구경고
所作究竟故니라

피회향갑 　건립일체불장엄고 　피복덕
被迴向甲이니 **建立一切佛莊嚴故**며 **被福德**

갑 　요익일체제중생고 　피바라밀갑
甲이니 **饒益一切諸衆生故**며 **被波羅蜜甲**이니

도탈일체제함식고
度脫一切諸含識故니라

피지혜갑 　멸일체중생번뇌암고 　피선교
被智慧甲이니 **滅一切衆生煩惱闇故**며 **被善巧**

방편갑 　생보문선근고 　피일체지심견고
方便甲이니 **生普門善根故**며 **被一切智心堅固**

불산란갑 　불락여승고 　피일심결정갑
不散亂甲이니 **不樂餘乘故**며 **被一心決定甲**이니

어일체법 　이의혹고
於一切法에 **離疑惑故**니라

이른바 대자의 갑옷을 입음이니 일체 중생을 구호하는 까닭이며, 대비의 갑옷을 입음이니 일체 모든 괴로움을 참고 견디는 까닭이며, 큰 서원의 갑옷을 입음이니 일체 짓는 바를 끝까지 다하는 까닭이다.

회향의 갑옷을 입음이니 일체 부처님의 장엄을 건립하는 까닭이며, 복덕의 갑옷을 입음이니 일체 모든 중생들을 요익하는 까닭이며, 바라밀의 갑옷을 입음이니 일체 모든 중생들을 제도하여 해탈시키는 까닭이다.

지혜의 갑옷을 입음이니 일체 중생의 어두운 번뇌를 멸하는 까닭이며, 교묘한 방편의 갑

시위십
是爲十이니라

약제보살 안주차법 즉피여래무상갑
若諸菩薩이 安住此法하면 則被如來無上甲

주   실능최복일체마군
胄하야 悉能摧伏一切魔軍이니라

불자 보살마하살 유십종기장
佛子야 菩薩摩訶薩이 有十種器仗하니라

하등 위십
何等이 爲十고

소위보시 시보살기장   최파일체간린
所謂布施가 是菩薩器仗이니 摧破一切慳悋

고   지계 시보살기장 기사일체훼범
故며 持戒가 是菩薩器仗이니 棄捨一切毀犯

옷을 입음이니 넓은 문의 선근을 내는 까닭이며, 일체 지혜의 마음이 견고하여 산란하지 않는 갑옷을 입음이니 다른 탈 것을 좋아하지 않는 까닭이며, 한 마음의 결정한 갑옷을 입음이니 일체 법에 의혹을 여의는 까닭이다.

이것이 열이다.

만약 모든 보살들이 이 법에 편안히 머무르면 곧 여래의 위없는 갑옷과 투구를 입고 일체 마군을 모두 능히 꺾어 항복시킨다.

불자들이여, 보살마하살이 열 가지 무기가 있다. 무엇이 열인가?

고
故니라

평등   시보살기장   단제일체분별고   지
平等이 是菩薩器仗이니 斷除一切分別故며 智

혜   시보살기장   소멸일체번뇌고
慧가 是菩薩器仗이니 消滅一切煩惱故니라

정명   시보살기장   원리일체사명고   선
正命이 是菩薩器仗이니 遠離一切邪命故며 善

교방편   시보살기장   어일체처   시현
巧方便이 是菩薩器仗이니 於一切處에 示現

고
故니라

약설탐진치등일체번뇌   시보살기장   이
略說貪瞋癡等一切煩惱가 是菩薩器仗이니 以

번뇌문   도중생고   생사   시보살기장
煩惱門으로 度衆生故며 生死가 是菩薩器仗이니

이른바 보시하는 것이 보살의 무기이니 일체 인색함을 꺾어 부수는 까닭이며, 계를 지니는 것이 보살의 무기이니 일체 범하는 것을 버리는 까닭이다.

평등함이 보살의 무기이니 일체 분별을 끊어 없애는 까닭이며, 지혜가 보살의 무기이니 일체 번뇌를 소멸하는 까닭이다.

바르게 생활함이 보살의 무기이니 일체 잘못된 생활을 멀리 여의는 까닭이며, 선교 방편이 보살의 무기이니 일체 처에 나타내 보이는 까닭이다.

간략히 말하여 탐욕과 성냄과 어리석음 등의 일체 번뇌가 보살의 무기이니 번뇌의 문으

부단보살행 교화중생고
不斷菩薩行하야 敎化衆生故니라

설여실법 시보살기장 능파일체집착
說如實法이 是菩薩器仗이니 能破一切執著

고 일체지 시보살기장 불사보살행문
故며 一切智가 是菩薩器仗이니 不捨菩薩行門

고
故니라

시위십
是爲十이니라

약제보살 안주차법 즉능제멸일체중
若諸菩薩이 安住此法하면 則能除滅一切衆

생 장야소집번뇌결사
生의 長夜所集煩惱結使니라

로 중생들을 제도하는 까닭이며, 생사가 보살의 무기이니 보살의 행을 끊지 않고 중생을 교화하는 까닭이다.

여실한 법을 설함이 보살의 무기이니 일체 집착을 능히 깨뜨리는 까닭이며, 일체 지혜가 보살의 무기이니 보살의 행하는 문을 버리지 않는 까닭이다.

이것이 열이다.

만약 모든 보살들이 이 법에 편안히 머무르면 곧 능히 일체 중생의 긴긴 밤에 모은 바 번뇌를 없앤다.

불자 보살마하살 유십종수
佛子야 菩薩摩訶薩이 有十種首하니라

하등 위십
何等이 爲十고

소위열반수 무능견정고 존경수 일체인
所謂涅槃首니 無能見頂故며 尊敬首니 一切人

천 소경례고
天의 所敬禮故니라

광대승해수 삼천계중 최위승고 제일선
廣大勝解首니 三千界中에 最爲勝故며 第一善

근수 삼계중생 함공양고
根首니 三界衆生이 咸供養故니라

하대중생수 성취정상육계상고 불경천
荷戴衆生首니 成就頂上肉髻相故며 不輕賤

타수 어일체처 상존승고
他首니 於一切處에 常尊勝故니라

불자들이여, 보살마하살이 열 가지 머리가 있다. 무엇이 열인가?

이른바 열반의 머리이니 정수리를 볼 수 없는 까닭이며, 존경하는 머리이니 일체 사람과 천신들이 경례하는 바인 까닭이다.

광대하고 수승한 지혜의 머리이니 삼천세계에 가장 수승함이 되는 까닭이며, 제일가는 선근의 머리이니 삼계의 중생들이 다 공양올리는 까닭이다.

중생을 이고 지는 머리이니 정수리 위에 육계의 모습을 성취하는 까닭이며, 다른 이를 업신여기지 않는 머리이니 일체 처에서 항상

반야바라밀수　　장양일체공덕법고　　방편
般若波羅蜜首니 **長養一切功德法故**며 **方便**

지상응수　　보현일체동류신고
智相應首니 **普現一切同類身故**니라

교화일체중생수　　이일체중생　　　위제자
敎化一切衆生首니 **以一切衆生**으로 **爲弟子**

고　　수호제불법안수　　능령삼보종　　부단
故며 **守護諸佛法眼首**니 **能令三寶種**으로 **不斷**

절고
絶故니라

시위십
是爲十이니라

약제보살　　안주차법　　즉득여래무상대지
若諸菩薩이 **安住此法**하면 **則得如來無上大智**

혜수
慧首니라

존중하는 까닭이다.

　반야바라밀의 머리이니 일체 공덕의 법을 기르는 까닭이며, 방편 지혜와 서로 응하는 머리이니 일체 같은 종류의 몸을 널리 나타내는 까닭이다.

　일체 중생을 교화하는 머리이니 일체 중생으로 제자를 삼는 까닭이며, 모든 부처님 법의 눈을 수호하는 머리이니 능히 삼보의 종자를 끊어지지 않게 하는 까닭이다.

　이것이 열이다.

　만약 모든 보살들이 이 법에 편안히 머무르면 곧 여래의 위없는 큰 지혜의 머리를 얻는다.

불자　보살마하살　유십종안
佛子야 菩薩摩訶薩이 有十種眼하나라

소위육안　　견일체색고　천안　　견일체
所謂肉眼이니 見一切色故며 天眼이니 見一切

중생심고　혜안　　견일체중생제근경계
衆生心故며 慧眼이니 見一切衆生諸根境界

고
故니라

법안　　견일체법여실상고　불안　　견여
法眼이니 見一切法如實相故며 佛眼이니 見如

래십력고　지안　　지견제법고
來十力故며 智眼이니 知見諸法故니라

광명안　　견불광명고　출생사안　　견열
光明眼이니 見佛光明故며 出生死眼이니 見涅

반고　무애안　　소견무장고　일체지안
槃故며 無礙眼이니 所見無障故며 一切智眼이니

불자들이여, 보살마하살이 열 가지 눈이 있다.

이른바 육안이니 일체 색을 보는 까닭이며, 천안이니 일체 중생의 마음을 보는 까닭이며, 혜안이니 일체 중생의 모든 근의 경계를 보는 까닭이다.

법안이니 일체 법의 여실한 모양을 보는 까닭이며, 불안이니 여래의 열 가지 힘을 보는 까닭이며, 지안이니 모든 법을 알고 보는 까닭이다.

광명의 눈이니 부처님의 광명을 보는 까닭이며, 생사에서 벗어나는 눈이니 열반을 보는 까

견보문법계고
見普門法界故니라

시위십
是爲十이니라

약제보살　안주차법　　즉득여래무상대지
若諸菩薩이　**安住此法**하면　**則得如來無上大智**

혜안
慧眼이니라

불자　보살마하살　　유십종이
佛子야　**菩薩摩訶薩**이　**有十種耳**하나라

하등　위십
何等이　**爲十**고

소위문찬탄성　　단제탐애　　문훼자성　　단
所謂聞讚歎聲에　**斷除貪愛**하며　**聞毁呰聲**에　**斷**

닭이며, 걸림 없는 눈이니 보는 바가 걸림이 없는 까닭이며, 일체 지혜의 눈이니 넓은 문의 법계를 보는 까닭이다.

이것이 열이다.

만약 모든 보살들이 이 법에 편안히 머무르면 곧 여래의 위없는 큰 지혜의 눈을 얻는다.

불자들이여, 보살마하살이 열 가지 귀가 있다.

무엇이 열인가?

이른바 찬탄하는 소리를 들음에 탐욕과 애정을 끊으며, 훼방하는 소리를 들음에 성내는

제진에   문설이승   불착불구   문보살
除瞋恚하며 聞說二乘에 不著不求하며 聞菩薩

도   환희용약
道에 歡喜踊躍하나라

문지옥등제고난처   기대비심   발홍서
聞地獄等諸苦難處에 起大悲心하고 發弘誓

원   문설인천승묘지사   지피개시무상지
願하며 聞說人天勝妙之事에 知彼皆是無常之

법   문유찬탄제불공덕   근가정진   영
法하며 聞有讚歎諸佛功德에 勤加精進하야 令

속원만   문설육도사섭등법   발심수행
速圓滿하며 聞說六度四攝等法에 發心修行하야

원도피안
願到彼岸하나라

문시방세계일체음성   실지여향   입불가
聞十方世界一切音聲에 悉知如響하야 入不可

것을 끊으며, 이승을 설함을 들음에 집착하지 않고 구하지 않으며, 보살의 도를 들음에 환희하여 뛰논다.

지옥 등 모든 괴롭고 어려운 곳을 들음에 대비의 마음을 일으켜 큰 서원을 내며, 사람과 천신들의 수승하고 묘한 일을 설함을 들음에 그것이 다 무상한 법임을 알며, 모든 부처님의 공덕을 찬탄함이 있음을 들음에 부지런히 더욱 노력하여 빨리 원만하게 하며, 여섯 가지 바라밀과 네 가지 거두어 주는 등의 법 설함을 들음에 발심하여 수행하고 피안에 이르기를 원한다.

설심심묘의　　　　보살마하살　　　종초발심
說甚深妙義하며 菩薩摩訶薩이 從初發心으로

내지도량　　상문정법　　　미증잠식　　　이항
乃至道場히 常聞正法하야 未曾暫息호대 而恒

불사화중생사
不捨化衆生事니라

시위십
是爲十이니라

약제보살　　성취차법　　　즉득여래무상대지
若諸菩薩이 成就此法하면 則得如來無上大智

혜이
慧耳니라

불자　보살마하살　유십종비
佛子야 菩薩摩訶薩이 有十種鼻하니라

시방세계의 일체 음성을 듣고는 모두 메아리와 같음을 알아 말할 수 없이 매우 깊은 미묘한 이치에 들어가며, 보살마하살이 처음 발심함으로부터 이에 도량에 이르기까지 항상 바른 법을 들어 일찍이 잠깐도 쉬지 아니하되 항상 중생을 교화하는 일을 버리지 아니한다.

이것이 열이다.

만약 모든 보살들이 이 법을 성취하면 곧 여래의 위없는 큰 지혜의 귀를 얻는다.

불자들이여, 보살마하살이 열 가지 코가 있다.

하등 위십
何等이 爲十고

소위문제취물   불이위취   문제향기
所謂聞諸臭物호대 不以爲臭하며 聞諸香氣호대

불이위향   향취구문   기심평등   비향
不以爲香하며 香臭俱聞호대 其心平等하며 非香

비취 안주어사
非臭에 安住於捨하나라

약문중생   의복와구   급기지체   소유향
若聞衆生의 衣服臥具와 及其肢體의 所有香

취   즉능지피탐에우치등분지행
臭에 則能知彼貪恚愚癡等分之行하나라

약문제복장초목등향   개여대목전   분명
若聞諸伏藏草木等香에 皆如對目前하야 分明

변료
辨了하나라

무엇이 열인가?

이른바 모든 악취를 맡고도 구리다 하지 않으며, 모든 향기를 맡고도 향기롭다 하지 않으며, 향기와 악취를 함께 맡되 그 마음이 평등하며, 향기도 아니고 악취도 아님에 버리는 데 편안히 머무른다.

만약 중생들의 의복과 이부자리와 그 온몸에서 나는 향기와 악취를 맡으면 곧 능히 그 탐욕과 성냄과 어리석음과 같은 분량의 행을 안다.

만약 모든 묻혀 있는 것과 초목 등의 향기를 맡고는 다 눈앞에 대하듯 분명히 밝게 안다.

약문하지아비지옥　　상지유정중생지향
若聞下至阿鼻地獄과 上至有頂眾生之香에

개지피과거소행지행
皆知彼過去所行之行하나니라

약문제성문　　보시지계다문혜향　　주일체
若聞諸聲聞의 布施持戒多聞慧香에 住一切

지심　　불령산동
智心하야 不令散動하나니라

약문일체보살행향　　이평등혜　　입여래지
若聞一切菩薩行香에 以平等慧로 入如來地하며

문일체불지경계향　　역불폐사제보살행
聞一切佛智境界香호대 亦不廢捨諸菩薩行이니라

시위십
是爲十이니라

약제보살　　성취차법　　즉득여래무량무변
若諸菩薩이 成就此法하면 則得如來無量無邊

만약 아래로 아비지옥에 이르고 위로 유정천에 이르는 중생들의 향기를 맡으면 그들이 과거에 행한 행을 다 안다.

만약 모든 성문들의 보시하고 계를 지니고 많이 들은 지혜의 향기를 맡으면 일체 지혜의 마음에 머물러 흩어지지 않게 한다.

만약 일체 보살행의 향기를 맡으면 평등한 지혜로 여래의 경지에 들어가며, 일체 부처님의 지혜 경계의 향기를 맡으면 또한 모든 보살행을 그만두어 버리지 아니한다.

이것이 열이다.

만약 모든 보살들이 이 법을 성취하면 곧

청정비
淸淨鼻니라

불자　보살마하살　유십종설
佛子야 菩薩摩訶薩이 有十種舌하니라

하등　위십
何等이 爲十고

소위개시연설무진중생행설　개시연설무
所謂開示演說無盡衆生行舌과 開示演說無

진법문설　찬탄제불무진공덕설
盡法門舌과 讚歎諸佛無盡功德舌이니라

연창사변무진설　개천대승조도설　변부
演暢辭辯無盡舌과 開闡大乘助道舌과 徧覆

시방허공설
十方虛空舌이니라

여래의 한량없고 가없는 청정한 코를 얻는다.

불자들이여, 보살마하살이 열 가지 혀가 있다. 무엇이 열인가?

이른바 다함없는 중생들의 행을 열어 보여 연설하는 혀와, 다함없는 법문을 열어 보여 연설하는 혀와, 모든 부처님의 다함없는 공덕을 찬탄하는 혀이다.

연설하는 변재가 다함없는 혀와, 대승의 도를 도움을 열어서 넓히는 혀와, 시방 허공을 두루 덮는 혀이다.

보조일체불찰설   보사중생오해설   실령
普照一切佛刹舌과 **普使衆生悟解舌**과 **悉令**

제불환희설
諸佛歡喜舌이니라

항복일체제마외도   제멸일체생사번뇌
降伏一切諸魔外道하고 **除滅一切生死煩惱**하야

영지열반설
令至涅槃舌이니라

시위십
是爲十이니라

약제보살   성취차법   즉득여래변부일체
若諸菩薩이 **成就此法**하면 **則得如來徧覆一切**

제불국토무상설
諸佛國土無上舌이니라

일체 부처님 세계를 널리 비추는 혀와, 널리 중생들로 하여금 깨달아 알게 하는 혀와, 모든 부처님으로 하여금 다 환희하시게 하는 혀이다.

일체 모든 마와 외도들을 항복시키고 일체 생사의 번뇌를 멸해 없애어 열반에 이르게 하는 혀이다.

이것이 열이다.

만약 모든 보살들이 이 법을 성취하면 곧 여래의 일체 모든 부처님 국토를 두루 덮는 위없는 혀를 얻는다.

불자 보살마하살 유십종신
佛子야 **菩薩摩訶薩**이 **有十種身**하니라

하등 위십
何等이 **爲十**고

소위인신   위교화일체제인고   비인신
所謂人身이니 **爲敎化一切諸人故**며 **非人身**이니

위교화 지옥축생아귀고   천신   위교화욕
爲敎化地獄畜生餓鬼故며 **天身**이니 **爲敎化欲**

계색계무색계중생고
界色界無色界衆生故니라

학신   시현학지고   무학신   시현아라
學身이니 **示現學地故**며 **無學身**이니 **示現阿羅**

한지고   독각신   교화영입벽지불지고
漢地故며 **獨覺身**이니 **敎化令入辟支佛地故**며

보살신   영성취대승고
菩薩身이니 **令成就大乘故**니라

불자들이여, 보살마하살이 열 가지 몸이 있다.

무엇이 열인가?

이른바 사람의 몸이니 일체 모든 사람들을 교화하기 위한 까닭이며, 사람 아닌 이의 몸이니 지옥과 축생과 아귀를 교화하기 위한 까닭이며, 천신의 몸이니 욕계와 색계와 무색계의 중생들을 교화하기 위한 까닭이다.

배우는 몸이니 배우는 지위를 나타내 보이는 까닭이며, 배울 것 없는 몸이니 아라한의 지위를 나타내 보이는 까닭이며, 독각의 몸이니 교화하여 벽지불의 지위에 들게 하는 까닭이

여래신　　지수관정고　　의생신　　선교출
如來身이니 **智水灌頂故**며 **意生身**이니 **善巧出**

생고　　무루법신　　이무공용　　시현일체
生故며 **無漏法身**이니 **以無功用**으로 **示現一切**

중생신고
衆生身故니라

시위십
是爲十이니라

약제보살　　성취차법　　즉득여래무상지
若諸菩薩이 **成就此法**하면 **則得如來無上之**

신
身이니라

불자　보살마하살　유십종의
佛子야 **菩薩摩訶薩**이 **有十種意**하니라

며, 보살의 몸이니 대승을 성취케 하는 까닭이다.

여래의 몸이니 지혜의 물로 관정하는 까닭이며, 뜻대로 나는 몸이니 선교로 출생하는 까닭이며, 샘이 없는 법의 몸이니 공들여 작용함이 없으므로 일체 중생의 몸을 나타내 보이는 까닭이다.

이것이 열이다.

만약 모든 보살들이 이 법을 성취하면 곧 여래의 위없는 몸을 얻는다.

불자들이여, 보살마하살이 열 가지 뜻이 있다.

하등　위십
何等이 **爲十**고

소위상수의　　발기일체선근고　안주의　　심
所謂上首意니 **發起一切善根故**며 **安住意**니 **深**

신견고부동고
信堅固不動故니라

심입의　수순불법이해고　　내요의　　지제중
深入意니 **隨順佛法而解故**며 **內了意**니 **知諸衆**

생심락고
生心樂故니라

무란의　일체번뇌부잡고　　명정의　　객진불
無亂意니 **一切煩惱不雜故**며 **明淨意**니 **客塵不**

능염착고
能染著故니라

선관중생의　　무유일념실시고　　선택소작
善觀衆生意니 **無有一念失時故**며 **善擇所作**

무엇이 열인가?

이른바 상수의 뜻이니 일체 선근을 일으키는 까닭이며, 편안히 머무르는 뜻이니 깊은 믿음이 견고하여 흔들리지 않는 까닭이다.

깊이 들어가는 뜻이니 부처님 법을 따라 이해하는 까닭이며, 안으로 아는 뜻이니 모든 중생들의 마음에 좋아함을 아는 까닭이다.

어지럽지 않은 뜻이니 일체 번뇌가 섞이지 않는 까닭이며, 밝고 깨끗한 뜻이니 객진번뇌가 능히 물들이지 못하는 까닭이다.

중생을 잘 관찰하는 뜻이니 한 생각도 때를 놓침이 없는 까닭이며, 지을 바를 잘 선택하

의　미증일처생과고
意니 未曾一處生過故니라

밀호제근의　조복불령치산고　선입삼매
密護諸根意니 調伏不令馳散故며 善入三昧

의　심입불삼매　무아아소고
意니 深入佛三昧하야 無我我所故니라

시위십
是爲十이니라

약제보살　안주차법　즉득일체불무상
若諸菩薩이 安住此法하면 則得一切佛無上

의
意니라

불자　보살마하살　유십종행
佛子야 菩薩摩訶薩이 有十種行하나라

는 뜻이니 일찍이 한 곳에도 허물이 생기지 않는 까닭이다.

모든 근을 은밀히 보호하는 뜻이니 조복하여 흩어 달아나지 못하게 하는 까닭이며, 삼매에 잘 들어가는 뜻이니 부처님의 삼매에 깊이 들어가 '나'와 '나의 것'이 없는 까닭이다.

이것이 열이다.

만약 모든 보살들이 이 법에 편안히 머무르면 곧 일체 부처님의 위없는 뜻을 얻는다.

불자들이여, 보살마하살이 열 가지 행이 있다.

何_等이 爲十고

所謂聞法行이니 愛樂於法故며 說法行이니 利

益衆生故니라

離貪恚癡怖畏行이니 調伏自心故며 欲界行이니

敎化欲界衆生故니라

色無色界三昧行이니 令速轉還故며 趣向法義

行이니 速得智慧故니라

一切生處行이니 自在敎化衆生故며 一切佛刹

무엇이 열인가?

이른바 법을 듣는 행이니 법을 좋아하는 까닭이며, 법을 설하는 행이니 중생들을 이익하게 하는 까닭이다.

탐욕과 성냄과 어리석음과 두려움을 여의는 행이니 스스로의 마음을 조복하는 까닭이며, 욕계의 행이니 욕계의 중생들을 교화하는 까닭이다.

색계와 무색계의 삼매 행이니 빨리 전환하게 하는 까닭이며, 법과 이치를 향해 나아가는 행이니 지혜를 빨리 얻는 까닭이다.

일체 처소에 태어나는 행이니 자재하게 중

행　　예배공양제불고
行이니 **禮拜供養諸佛故**니라

열반행　　부단생사상속고　성만일체불법
涅槃行이니 **不斷生死相續故**며 **成滿一切佛法**

행　　불사보살법행고
行이니 **不捨菩薩法行故**니라

시위십
是爲十이니라

약제보살　안주차법　　즉득여래무래무거
若諸菩薩이 **安住此法**하면 **則得如來無來無去**

행
行이니라

불자　보살마하살　유십종주
佛子야 **菩薩摩訶薩**이 **有十種住**하니라

생들을 교화하는 까닭이며, 일체 부처님 세계의 행이니 모든 부처님께 예배하고 공양올리는 까닭이다.

열반의 행이니 생사가 서로 이어짐을 끊지 않는 까닭이며, 일체 부처님 법을 원만히 이루는 행이니 보살 법의 행을 버리지 않는 까닭이다.

이것이 열이다.

만약 모든 보살들이 이 법에 편안히 머무르면 곧 여래의 옴도 없고 감도 없는 행을 얻는다.

불자들이여, 보살마하살이 열 가지 머무름

하등　　위십
何等이 爲十고

소위보리심주　　증불망실고　　바라밀주　　불
所謂菩提心住니 曾不忘失故며 波羅蜜住니 不

염조도고
厭助道故니라

설법주　　증장지혜고　　아란야주　　증대선정
說法住니 增長智慧故며 阿蘭若住니 證大禪定

고
故니라

수순일체지두타지족사성종주　　소욕소사
隨順一切智頭陀知足四聖種住니 少欲少事

고　　심신주　　하부정법고
故며 深信住니 荷負正法故니라

친근여래주　　학불위의고　　출생신통주　　원
親近如來住니 學佛威儀故며 出生神通住니 圓

이 있다.

　무엇이 열인가?

　이른바 보리심에 머무름이니 잠깐도 잊어버리지 않는 까닭이며, 바라밀에 머무름이니 도를 도움을 싫어하지 않는 까닭이다.

　법을 설함에 머무름이니 지혜를 증장하는 까닭이며, 아란야에 머무름이니 큰 선정을 증득하는 까닭이다.

　일체지를 수순하여 두타와 만족함을 아는 네 성인의 종자에 머무름이니 욕심이 적고 일이 적은 까닭이며, 깊은 믿음에 머무름이니 바른 법을 짊어지는 까닭이다.

만대지고
滿大智故니라

득인주 만족수기고 도량주 구족력무외
得忍住니 滿足授記故며 道場住니 具足力無畏

일체불법고
一切佛法故니라

시위십
是爲十이니라

약제보살 안주차법 즉득일체지무상
若諸菩薩이 安住此法하면 則得一切智無上

주
住니라

불자 보살마하살 유십종좌
佛子야 菩薩摩訶薩이 有十種坐하니라

여래를 친근함에 머무름이니 부처님의 위의를 배우는 까닭이며, 신통을 출생함에 머무름이니 큰 지혜를 원만하게 하는 까닭이다.

지혜를 얻는 데 머무름이니 수기를 만족하게 받는 까닭이며, 도량에 머무름이니 힘과 두려움 없음과 일체 부처님의 법을 구족하는 까닭이다.

이것이 열이다.

만약 모든 보살들이 이 법에 편안히 머무르면 곧 일체지의 위없는 머무름을 얻는다.

불자들이여, 보살마하살이 열 가지 앉음이

하등 위십
何等이 爲十고

소위전륜왕좌   흥십선도고   사천왕좌   어
所謂轉輪王坐니 興十善道故며 四天王坐니 於

일체세간   자재안립불법고
一切世間에 自在安立佛法故니라

제석좌   여일체중생   위승주고   범천
帝釋坐니 與一切衆生으로 爲勝主故며 梵天

좌   어자타   심득자재고
坐니 於自他에 心得自在故니라

사자좌   능설법고   정법좌   이총지변재
師子坐니 能說法故며 正法坐니 以總持辯才

력   이개시고
力으로 而開示故니라

견고좌   서원구경고   대자좌   영악중생
堅固坐니 誓願究竟故며 大慈坐니 令惡衆生으로

있다.

무엇이 열인가?

이른바 전륜왕의 앉음이니 열 가지 선한 길을 일으키는 까닭이며, 사천왕의 앉음이니 일체 세간에 부처님의 법을 자재하게 편안히 세우는 까닭이다.

제석의 앉음이니 일체 중생에게 수승한 임금이 되는 까닭이며, 범천의 앉음이니 자기와 다른 이에게 마음이 자재함을 얻는 까닭이다.

사자의 앉음이니 법을 능히 설하는 까닭이며, 바른 법의 앉음이니 총지와 변재의 힘으로 열어 보이는 까닭이다.

실환희고
悉歡喜故니라

대비좌　　인일체고　　　불피염고　　금강좌
大悲坐니 **忍一切苦**하야 **不疲厭故**며 **金剛坐**니

항복중마　　급외도고
降伏衆魔와 **及外道故**니라

시위십
是爲十이니라

약제보살　　안주차법　　즉득여래무상정각
若諸菩薩이 **安住此法**하면 **則得如來無上正覺**

좌
坐니라

불자　　보살마하살　　유십종와
佛子야 **菩薩摩訶薩**이 **有十種臥**하니라

견고하게 앉음이니 서원이 끝까지 이르는 까닭이며, 대자의 앉음이니 악한 중생들로 하여금 모두 환희하게 하는 까닭이다.

대비의 앉음이니 일체 고통을 참되 피로해하거나 싫어하지 않는 까닭이며, 금강의 앉음이니 온갖 마와 외도들을 항복시키는 까닭이다.

이것이 열이다.

만약 모든 보살들이 이 법에 편안히 머무르면 곧 여래의 위없는 정각의 앉음을 얻는다.

불자들이여, 보살마하살이 열 가지 누움이 있다.

하등 위십
何等이 爲十고

소위적정와 신심담백고 선정와 여리수
所謂寂靜臥니 身心憺怕故며 禪定臥니 如理修

행고 삼매와 신심유연고
行故며 三昧臥니 身心柔輭故니라

범천와 불뇌자타고 선업와 어후불회
梵天臥니 不惱自他故며 善業臥니 於後不悔

고 정신와 불가경동고
故며 正信臥니 不可傾動故니라

정도와 선우개각고 묘원와 선교회향
正道臥니 善友開覺故며 妙願臥니 善巧迴向

고
故니라

일체사필와 소작성판고 사제공용와 일
一切事畢臥니 所作成辦故며 捨諸功用臥니 一

무엇이 열인가?

이른바 고요히 누움이니 몸과 마음이 담박한 까닭이며, 선정의 누움이니 이치대로 수행하는 까닭이며, 삼매의 누움이니 몸과 마음이 부드러운 까닭이다.

범천의 누움이니 나와 남을 괴롭게 하지 않는 까닭이며, 선한 업의 누움이니 뒤에 후회하지 않는 까닭이며, 바른 믿음의 누움이니 흔들 수 없는 까닭이다.

바른 도의 누움이니 착한 벗이 열어 깨우쳐 주는 까닭이며, 미묘한 서원의 누움이니 교묘하게 회향하는 까닭이다.

체관습고
切慣習故니라

시위십
是爲十이니라

약제보살 　안주차법　 　즉득여래무상대법
若諸菩薩이 **安住此法**하면 **則得如來無上大法**

와　 　실능개오일체중생
臥하야 **悉能開悟一切衆生**이니라

불자　 보살마하살　 　유십종소주처
佛子야 **菩薩摩訶薩**이 **有十種所住處**하니라

하등 　위십
何等이 **爲十**고

소위이대자 　위소주처　 어일체중생　 심
所謂以大慈로 **爲所住處**니 **於一切衆生**에 **心**

일체 일을 마친 누움이니 지을 바를 다 마친 까닭이며, 모든 공들여 작용함을 버린 누움이니 일체가 익숙하게 된 까닭이다.

이것이 열이다.

만약 모든 보살들이 이 법에 편안히 머무르면 곧 여래의 위없는 큰 법의 누움을 얻어 일체 중생을 모두 능히 깨우친다.

불자들이여, 보살마하살이 열 가지 머무를 곳이 있다.

무엇이 열인가?

이른바 대자로 머무를 곳을 삼으니 일체 중

평등고　　이대비　　위소주처　　불경미학
平等故며 以大悲로 爲所住處니 不輕未學

고
故니라

이대희　　위소주처　　이일체우뇌고　　이대
以大喜로 爲所住處니 離一切憂惱故며 以大

사　　위소주처　　어유위무위　　평등고
捨로 爲所住處니 於有爲無爲에 平等故니라

이일체바라밀　　위소주처　　보리심위수고
以一切波羅蜜로 爲所住處니 菩提心爲首故며

이일체공　　위소주처　　선교관찰고
以一切空으로 爲所住處니 善巧觀察故니라

이무상　　위소주처　　불출정위고　　이무
以無相으로 爲所住處니 不出正位故며 以無

원　　위소주처　　관찰수생고
願으로 爲所住處니 觀察受生故니라

생에게 마음이 평등한 까닭이며, 대비로 머무를 곳을 삼으니 아직 배우지 않은 이를 가벼이 여기지 않는 까닭이다.

　대희로 머무를 곳을 삼으니 일체 근심과 괴로움을 여읜 까닭이며, 대사로 머무를 곳을 삼으니 함이 있고 함이 없음에 평등한 까닭이다.

　일체 바라밀로 머무를 곳을 삼으니 보리심이 머리가 되는 까닭이며, 일체 공함으로 머무를 곳을 삼으니 교묘하게 관찰하는 까닭이다.

　모양이 없음으로 머무를 곳을 삼으니 바른 지위에서 벗어나지 않는 까닭이며, 원이 없음으로 머무를 곳을 삼으니 태어남을 관찰하는

이염혜 위소주처 인법성만고 이일체법
以念慧로 **爲所住處**니 **忍法成滿故**며 **以一切法**

평등 위소주처 득수기별고
平等으로 **爲所住處**니 **得授記別故**니라

시위십
是爲十이니라

약제보살 안주차법 즉득여래무상무애
若諸菩薩이 **安住此法**하면 **則得如來無上無礙**

소주처
所住處니라

불자 보살마하살 유십종소행처
佛子야 **菩薩摩訶薩**이 **有十種所行處**하니라

하등 위십
何等이 **爲十**고

까닭이다.

생각하는 지혜로 머무를 곳을 삼으니 아는 법을 원만히 성취하는 까닭이며, 일체 법이 평등함으로 머무를 곳을 삼으니 기별을 받는 까닭이다.

이것이 열이다.

만약 모든 보살들이 이 법에 편안히 머무르면 곧 여래의 위없고 걸림 없이 머무를 곳을 얻는다.

불자들이여, 보살마하살이 열 가지 행할 곳이 있다.

所謂以正念으로 爲所行處니 滿足念處故며 以

諸趣로 爲所行處니 正覺法趣故니라

以智慧로 爲所行處니 得佛歡喜故며 以波羅

蜜로 爲所行處니 滿足一切智智故니라

以四攝으로 爲所行處니 敎化衆生故며 以生

死로 爲所行處니 積集善根故니라

以與一切衆生雜談戱로 爲所行處니 隨應敎

化하야 令永離故며 以神通으로 爲所行處니 知

무엇이 열인가?

이른바 바른 생각으로 행할 곳을 삼으니 생각하는 곳에 만족하는 까닭이며, 모든 갈래로 행할 곳을 삼으니 바른 깨달음의 법으로 나아가는 까닭이다.

지혜로 행할 곳을 삼으니 부처님의 환희를 얻는 까닭이며, 바라밀로 행할 곳을 삼으니 일체지의 지혜를 만족하는 까닭이다.

네 가지 거두어 줌으로 행할 곳을 삼으니 중생을 교화하는 까닭이며, 생사로 행할 곳을 삼으니 선근을 쌓아 모으는 까닭이다.

일체 중생과 더불어 잡담하고 희롱함으로 행

일체중생제근경계고
一切衆生諸根境界故니라

이선교방편 위소행처 반야바라밀상응
以善巧方便으로 爲所行處니 般若波羅蜜相應

고 이도량 위소행처 성일체지 이
故며 以道場으로 爲所行處니 成一切智하야 而

부단보살행고
不斷菩薩行故니라

시위십
是爲十이니라

약제보살 안주차법 즉득여래무상대지
若諸菩薩이 安住此法하면 則得如來無上大智

혜소행처
慧所行處니라

할 곳을 삼으니 마땅함을 따라 교화하여 길이 여의게 하는 까닭이며, 신통으로 행할 곳을 삼으니 일체 중생의 모든 근기의 경계를 아는 까닭이다.

교묘한 방편으로 행할 곳을 삼으니 반야바라밀과 서로 응하는 까닭이며, 도량으로 행할 곳을 삼으니 일체 지혜를 이루되 보살의 행을 끊지 않는 까닭이다.

이것이 열이다.

만약 모든 보살들이 이 법에 편안히 머무르면 곧 여래의 위없는 큰 지혜의 행할 곳을 얻는다.

佛子야 菩薩摩訶薩이 有十種觀察하나라

何等이 爲十고

所謂知諸業觀察이니 微細悉見故며 知諸趣觀察이니 不取衆生故며 知諸根觀察이니 了達無根故니라

知諸法觀察이니 不壞法界故며 見佛法觀察이니 勤修佛眼故며 得智慧觀察이니 如理說法故며

無生忍觀察이니 決了佛法故니라

불자들이여, 보살마하살이 열 가지 관찰이 있다.

무엇이 열인가?

이른바 모든 업을 아는 관찰이니 미세하게 모두 보는 까닭이며, 모든 갈래를 아는 관찰이니 중생을 취하지 않는 까닭이며, 모든 근을 아는 관찰이니 근이 없음을 밝게 통달하는 까닭이다.

모든 법을 아는 관찰이니 법계를 깨뜨리지 않는 까닭이며, 부처님 법을 보는 관찰이니 부처님의 눈을 부지런히 닦는 까닭이며, 지혜를 얻는 관찰이니 이치대로 법을 설하는 까닭이

불퇴지관찰　　　멸일체번뇌　　　초출삼계이
不退地觀察이니 滅一切煩惱하야 超出三界二

승지고　　관정지관찰　　　어일체불법　　자재
乘地故며 灌頂地觀察이니 於一切佛法에 自在

부동고　　선각지삼매관찰　　　어일체시방
不動故며 善覺智三昧觀察이니 於一切十方에

시작불사고
施作佛事故니라

시위십
是爲十이니라

약제보살　　안주차법　　즉득여래무상대관
若諸菩薩이 安住此法하면 則得如來無上大觀

찰지
察智니라

며, 생멸이 없는 법인의 관찰이니 부처님 법을 분명히 아는 까닭이다.

물러나지 않는 자리의 관찰이니 일체 번뇌를 멸하고 삼계와 이승의 지위를 뛰어넘는 까닭이며, 관정의 지위의 관찰이니 일체 부처님의 법에 자재하여 흔들리지 않는 까닭이며, 잘 깨달은 지혜 삼매의 관찰이니 일체 시방에서 불사를 짓는 까닭이다.

이것이 열이다.

만약 모든 보살들이 이 법에 편안히 머무르면 곧 여래의 위없는 큰 관찰의 지혜를 얻는다.

불자　보살마하살　유십종보관찰
佛子야 菩薩摩訶薩이 有十種普觀察하나라

하등　위십
何等이 爲十고

소위보관일체제래구자　이무위심　　만기
所謂普觀一切諸來求者니 以無違心으로 滿其

의고　보관일체범계중생　안치여래정계
意故며 普觀一切犯戒衆生이니 安置如來淨戒

중고
中故니라

보관일체해심중생　안치여래인력중고
普觀一切害心衆生이니 安置如來忍力中故며

보관일체해태중생　권령정근　불사하
普觀一切懈怠衆生이니 勸令精勤하야 不捨荷

부대승담고
負大乘擔故니라

불자들이여, 보살마하살이 열 가지 널리 관찰함이 있다.

무엇이 열인가?

이른바 일체 모두 와서 구하는 자들을 널리 관찰함이니 어기지 않는 마음으로 그 뜻을 만족케 하는 까닭이며, 일체 계를 범한 중생들을 널리 관찰함이니 여래의 깨끗한 계 가운데 편안하게 두는 까닭이다.

일체 해치려는 마음의 중생을 널리 관찰함이니 여래의 참는 힘 가운데 편안하게 두는 까닭이며, 일체 게으른 중생들을 널리 관찰함이니 부지런히 정진하여 짊어진 대승의 짐을 버

보관일체난심중생 　　　영주여래일체지지
普觀一切亂心衆生이니 **令住如來一切智地**하야

무산동고 　보관일체악혜중생 　　영제의
無散動故며 **普觀一切惡慧衆生**이니 **令除疑**

혹　　파유견고
惑하야 **破有見故**니라

보관일체평등선우 　　순기교명 　　주불법
普觀一切平等善友니 **順其敎命**하야 **住佛法**

고　보관일체소문지법 　　질득증견최상의
故며 **普觀一切所聞之法**이니 **疾得證見最上義**

고
故니라

보관일체무변중생 　　상불사리대비력
普觀一切無邊衆生이니 **常不捨離大悲力**

고　보관일체제불지법 　　속득성취일체지
故며 **普觀一切諸佛之法**이니 **速得成就一切智**

리지 않도록 권하는 까닭이다.

일체 산란한 마음의 중생들을 널리 관찰함이니 여래의 일체지의 지위에 머물러 흔들리지 않게 하는 까닭이며, 일체 나쁜 지혜의 중생을 널리 관찰함이니 의혹을 없애어 '있다'라는 소견을 깨뜨리게 하는 까닭이다.

일체 평등한 착한 벗을 널리 관찰함이니 그 가르침과 명을 따라 부처님 법에 머무르는 까닭이며, 일체 들은 바 법을 널리 관찰함이니 최상의 이치를 빨리 증득하여 보이는 까닭이다.

일체 가없는 중생들을 널리 관찰함이니 대비의 힘을 항상 버려 여의지 않는 까닭이며, 일

고
故니라

시 위 십
是爲十이니라

약제보살 안주차법   즉득여래무상대지
若諸菩薩이 **安住此法**하면 **則得如來無上大智**

혜 보 관 찰
慧普觀察이니라

불자 보살마하살   유십종분신
佛子야 **菩薩摩訶薩**이 **有十種奮迅**하나니라

하 등   위 십
何等이 **爲十**고

소위우왕분신   영폐일체천룡야차건달바
所謂牛王奮迅이니 **映蔽一切天龍夜叉乾闥婆**

체 모든 부처님의 법을 널리 관찰함이니 일체지를 빨리 성취하는 까닭이다.

이것이 열이다.

만약 모든 보살들이 이 법에 편안히 머무르면 곧 여래의 위없는 큰 지혜로 널리 관찰함을 얻는다.

불자들이여, 보살마하살이 열 가지 떨쳐 일어남이 있다.

무엇이 열인가?

이른바 소의 왕의 떨쳐 일어남이니 일체 천신과 용과 야차와 건달바 등의 모든 대중들을

등제대중고   상왕분신   심선조유   하
等諸大衆故며 象王奮迅이니 心善調柔하야 荷

부일체제중생고
負一切諸衆生故니라

용왕분신   홍대법밀운   요해탈전광
龍王奮迅이니 興大法密雲하고 耀解脫電光하고

진여실의뢰   항제근력각분선정해탈삼매
震如實義雷하야 降諸根力覺分禪定解脫三昧

감로우고
甘露雨故니라

대금시조왕분신   갈탐애수   파우치
大金翅鳥王奮迅이니 竭貪愛水하고 破愚癡

각   박촬번뇌제악독룡   영출생사대고
殼하야 搏撮煩惱諸惡毒龍하야 令出生死大苦

해고
海故니라

덮어 가리는 까닭이며, 코끼리의 왕의 떨쳐 일어남이니 마음이 잘 조복되고 유순하여 일체 모든 중생들을 짊어지는 까닭이다.

용왕의 떨쳐 일어남이니 큰 법의 두터운 구름을 일으키고 해탈의 번개를 번쩍이며 여실한 이치의 우레를 진동시켜, 모든 근과 힘과 각분과 선정과 해탈과 삼매의 감로비를 내리는 까닭이다.

큰 금시조왕의 떨쳐 일어남이니 탐애의 물을 말리고 어리석음의 껍데기를 깨뜨리며 번뇌의 모든 악독한 용을 잡아내어 생사의 큰 고통바다에서 벗어나게 하는 까닭이다.

大師子王奮迅이니 安住無畏平等大智로 以爲
器仗하야 摧伏衆魔와 及外道故며 勇健奮
迅이니 能於生死大戰陣中에 摧滅一切煩惱怨
故니라

大智奮迅이니 知蘊界處와 及諸緣起하야 自在
開示一切法故며 陀羅尼奮迅이니 以念慧力으로
持法不忘하고 隨衆生根하야 爲宣說故며 辯才
奮迅이니 無礙迅疾分別一切하야 咸令受益하야

큰 사자왕의 떨쳐 일어남이니 두려움 없는 평등한 큰 지혜에 편안히 머무름으로 무기를 삼아 온갖 마와 외도들을 꺾어 조복하는 까닭이며, 용맹하고 강건한 떨쳐 일어남이니 능히 생사의 큰 전쟁 중에 일체 번뇌의 원수를 꺾어 없애는 까닭이다.

　큰 지혜의 떨쳐 일어남이니 온과 계와 처와 모든 연기를 알고 자재하게 일체 법을 열어 보이는 까닭이며, 다라니의 떨쳐 일어남이니 생각하는 지혜의 힘으로 법을 지니고 잊지 않으며 중생의 근기를 따라 설하는 까닭이며, 변재의 떨쳐 일어남이니 걸림 없이 빠르게 일체를 분별하

심환희고
心歡喜故니라

여래분신　　일체지지조도지법　　개실성
如來奮迅이니 **一切智智助道之法**을 **皆悉成**

만　　이일념상응혜　　소응득자　　일체
滿하야 **以一念相應慧**로 **所應得者**를 **一切**

개득　　소응오자　　일체개오　　좌사자
皆得하며 **所應悟者**를 **一切皆悟**하야 **坐師子**

좌　　항마원적　　성아뇩다라삼먁삼보리
座하야 **降魔怨敵**하고 **成阿耨多羅三藐三菩提**

고
故니라

시위십
是爲十이니라

약제보살　　안주차법　　즉득제불　　어일체
若諸菩薩이 **安住此法**하면 **則得諸佛**의 **於一切**

여 다 이익을 받고 마음이 환희하게 하는 까닭이다.

 여래의 떨쳐 일어남이니 일체지의 지혜와 도를 돕는 법을 모두 다 원만히 성취하여, 한 생각에 서로 응하는 지혜로 마땅히 얻을 것은 일체를 다 얻으며, 마땅히 깨달을 것은 일체를 다 깨달아 사자좌에 앉아 마와 원적을 항복 받고 아뇩다라삼먁삼보리를 이루는 까닭이다.

 이것이 열이다.

 만약 모든 보살들이 이 법에 편안히 머무르면 곧 모든 부처님의 일체 법에 위없이 자재한

법　　무상자재분신
法에 無上自在奮迅이니라

불자　　보살마하살　　유십종사자후
佛子야 菩薩摩訶薩이 有十種師子吼하나니라

하등　　위십
何等이 爲十고

소위창언　　아당필정성정등각　　시보리심
所謂唱言호대 我當必定成正等覺이 是菩提心

대사자후
大師子吼요

아당령일체중생　　미도자　도　　미탈자
我當令一切衆生의 未度者로 度하며 未脫者로

탈　　미안자　안　　미열반자　　영득열반
脫하며 未安者로 安하며 未涅槃者로 令得涅槃이

떨쳐 일어남을 얻는다.

　불자들이여, 보살마하살이 열 가지 사자후가 있다.

　무엇이 열인가?

　이른바 '나는 마땅히 반드시 결정코 정등각을 이루리라'고 외치니, 이것은 보리심의 큰 사자후이다.

　'나는 마땅히 일체 중생의 제도받지 못한 자로 하여금 제도받게 하며 해탈하지 못한 자로 하여금 해탈하게 하며 편안하지 못한 자로 하여금 편안하게 하며 열반하지 못한 자로 하여

시대비대사자후
是大悲大師子吼이요

아당령불법승종　　무유단절　시보여래은
我當令佛法僧種으로 **無有斷絕**이 **是報如來恩**이며

대사자후
大師子吼요

아당엄정일체불찰　　시구경견서대사자
我當嚴淨一切佛刹이 **是究竟堅誓大師子**

후
吼요

아당제멸일체악도　　급제난처　　시자지정
我當除滅一切惡道와 **及諸難處**가 **是自持淨**

계대사자후
戒大師子吼요

아당만족일체제불　　신어급의　　상호장엄
我當滿足一切諸佛의 **身語及意**와 **相好莊嚴**이

금 열반을 얻게 하리라'고 하니, 이것은 대비의 큰 사자후이다.

'나는 마땅히 불·법·승의 종자가 끊어지지 않게 하리라'고 하니, 이것은 여래의 은혜를 갚는 큰 사자후이다.

'나는 마땅히 일체 부처님 세계를 깨끗이 장엄하리라'고 하니, 이것은 견고한 서원을 끝까지 이루는 큰 사자후이다.

'나는 마땅히 일체 나쁜 길과 모든 어려운 곳을 멸하여 없애리라'고 하니, 이것은 스스로 청정한 계를 지니는 큰 사자후이다.

'나는 마땅히 일체 모든 부처님의 몸과 말과

시구복무염대사자후
是求福無厭大師子吼이요

아당성만일체제불소유지혜　　시구지무염
我當成滿一切諸佛所有智慧가 **是求智無厭**

대사자후
大師子吼요

아당제멸일체중마　　급제마업　　시수정행
我當除滅一切衆魔와 **及諸魔業**이 **是修正行**하야

단제번뇌대사자후
斷諸煩惱大師子吼요

아당요지일체제법　　무아무중생무수명무
我當了知一切諸法이 **無我無衆生無壽命無**

보가라공무상무원　　정여허공　　시무생법
補伽羅空無相無願하야 **淨如虛空**이 **是無生法**

인대사자후
忍大師子吼요

뜻과 상호의 장엄을 만족하리라'고 하니, 이것은 복을 구함에 싫어함이 없는 큰 사자후이다.

'나는 마땅히 일체 모든 부처님께서 지니신 지혜를 원만히 이루리라'고 하니, 이것은 지혜를 구함에 싫어함이 없는 큰 사자후이다.

'나는 마땅히 일체 온갖 마와 모든 마의 업을 멸하여 없애리라'고 하니, 이것은 바른 행을 닦아 모든 번뇌를 끊는 큰 사자후이다.

'나는 마땅히 일체 모든 법이 '나'가 없고, 중생이 없고, 수명이 없고, 보가라가 없고, 공하고, 모양이 없고, 원이 없어서 깨끗하기가 허공과 같음을 밝게 알리라'고 하니, 이것은

최후생보살　　　진동일체제불국토　　　실령엄
最後生菩薩이 **震動一切諸佛國土**하야 **悉令嚴**

정　　　　시시　　일체석범사왕　　함래찬청
淨이어든 **是時**에 **一切釋梵四王**이 **咸來讚請**호대

유원보살　　이무생법　　　이현수생
唯願菩薩은 **以無生法**으로 **而現受生**하소서하나니라

보살　즉이무애혜안　　　보관세간일체중
菩薩이 **則以無礙慧眼**으로 **普觀世間一切衆**

생　무여아자　　즉어왕궁　　시현탄생
生이 **無如我者**하고 **即於王宮**에 **示現誕生**하야

자행칠보　　대사자후
自行七步하고 **大師子吼**하나니라

아어세간　　최승제일　　아당영진생사변
我於世間에 **最勝第一**이니 **我當永盡生死邊**

제　시여설이작대사자후
際가 **是如說而作大師子吼**니라

생멸이 없는 법을 아는 큰 사자후이다.

　최후에 태어난 보살로서 일체 모든 부처님의 국토를 진동시켜 모두 깨끗이 장엄하게 하니, 이때에 일체 제석과 범천과 사천왕들이 다 와서 찬탄하여 청하기를 '오직 원하건대 보살께서는 생사가 없는 법으로 태어남을 나타내소서'라고 한다.

　보살이 곧 걸림 없는 지혜의 눈으로 세간의 일체 중생이 나와 같은 자가 없음을 널리 살펴보고 곧 왕궁에 탄생함을 나타내 보여 스스로 일곱 걸음을 걸으면서 크게 사자후를 하였다.

　'나는 세간에서 가장 수승하고 제일이니, 내가 마땅히 생사의 끝을 길이 다하리라'고 하

시위십
是爲十이니라

약제보살 안주차법 즉득여래무상대사
若諸菩薩이 **安住此法**하면 **則得如來無上大師**

자후
子吼니라

〈大方廣佛華嚴經 卷第五十七〉

니, 이것은 설한 대로 짓는 큰 사자후이다.

이것이 열이다.

만약 모든 보살들이 이 법에 편안히 머무르면 곧 여래의 위없는 큰 사자후를 얻는다."

〈대방광불화엄경 제57권〉

大方廣佛華嚴經 — 부록

· 대방광불화엄경 목차

· 간행사

대방광불화엄경
목차

〈제1회〉

제1권	제1품	세주묘엄품 [1]
제2권	제1품	세주묘엄품 [2]
제3권	제1품	세주묘엄품 [3]
제4권	제1품	세주묘엄품 [4]
제5권	제1품	세주묘엄품 [5]
제6권	제2품	여래현상품
제7권	제3품	보현삼매품
	제4품	세계성취품
제8권	제5품	화장세계품 [1]
제9권	제5품	화장세계품 [2]
제10권	제5품	화장세계품 [3]
제11권	제6품	비로자나품

〈제2회〉

제12권	제7품	여래명호품
	제8품	사성제품
제13권	제9품	광명각품
	제10품	보살문명품
제14권	제11품	정행품
	제12품	현수품 [1]
제15권	제12품	현수품 [2]

〈제3회〉

제16권	제13품	승수미산정품
	제14품	수미정상게찬품
	제15품	십주품
제17권	제16품	범행품
	제17품	초발심공덕품
제18권	제18품	명법품

〈제4회〉

제19권 제19품 승야마천궁품

　　　　 제20품 야마궁중게찬품

　　　　 제21품 십행품 [1]

제20권 제21품 십행품 [2]

제21권 제22품 십무진장품

〈제5회〉

제22권 제23품 승도솔천궁품

제23권 제24품 도솔궁중게찬품

　　　　 제25품 십회향품 [1]

제24권 제25품 십회향품 [2]

제25권 제25품 십회향품 [3]

제26권 제25품 십회향품 [4]

제27권 제25품 십회향품 [5]

제28권 제25품 십회향품 [6]

제29권 제25품 십회향품 [7]

제30권 제25품 십회향품 [8]

제31권 제25품 십회향품 [9]

제32권 제25품 십회향품 [10]

제33권 제25품 십회향품 [11]

〈제6회〉

제34권 제26품 십지품 [1]

제35권 제26품 십지품 [2]

제36권 제26품 십지품 [3]

제37권 제26품 십지품 [4]

제38권 제26품 십지품 [5]

제39권 제26품 십지품 [6]

〈제7회〉

제40권 제27품 십정품 [1]

제41권 제27품 십정품 [2]

제42권 제27품 십정품 [3]

제43권 제27품 십정품 [4]

제44권 제28품 십통품

　　　　 제29품 십인품

제45권 제30품 아승지품

　　　　 제31품 수량품

　　　　 제32품 제보살주처품

제46권 제33품 불부사의법품 [1]

제47권 제33품 불부사의법품 [2]

제48권	제34품	여래십신상해품		제63권	제39품	입법계품 [4]
	제35품	여래수호광명공덕품		제64권	제39품	입법계품 [5]
제49권	제36품	보현행품		제65권	제39품	입법계품 [6]
제50권	제37품	여래출현품 [1]		제66권	제39품	입법계품 [7]
제51권	제37품	여래출현품 [2]		제67권	제39품	입법계품 [8]
제52권	제37품	여래출현품 [3]		제68권	제39품	입법계품 [9]
				제69권	제39품	입법계품 [10]
〈제8회〉				제70권	제39품	입법계품 [11]
제53권	제38품	이세간품 [1]		제71권	제39품	입법계품 [12]
제54권	제38품	이세간품 [2]		제72권	제39품	입법계품 [13]
제55권	제38품	이세간품 [3]		제73권	제39품	입법계품 [14]
제56권	제38품	이세간품 [4]		제74권	제39품	입법계품 [15]
제57권	제38품	이세간품 [5]		제75권	제39품	입법계품 [16]
제58권	제38품	이세간품 [6]		제76권	제39품	입법계품 [17]
제59권	제38품	이세간품 [7]		제77권	제39품	입법계품 [18]
				제78권	제39품	입법계품 [19]
〈제9회〉				제79권	제39품	입법계품 [20]
제60권	제39품	입법계품 [1]		제80권	제39품	입법계품 [21]
제61권	제39품	입법계품 [2]				
제62권	제39품	입법계품 [3]				

간 행 사

   귀의삼보 하옵고,

『대방광불화엄경』의 수지 독송과 유통을 발원하면서 수미정사 불전연구원에서『독송본 한문·한글역 대방광불화엄경』과『사경본 한글역 대방광불화엄경』을 편찬하여 간행하게 되었습니다.

   『화엄경』은 우리나라에 전래된 이래 일찍부터 사경되고 주석·강설되어 왔으며 근현대에 이르러서는 『화엄경』의 한글 번역과 연구도 부쩍 많이 이루어졌습니다. 그만큼 『화엄경』이 우리 불자님들의 신행과 해탈에 큰 의지처가 되었던 것임을 알 수 있습니다.

   『화엄경』을 독송하고 사경하는 공덕은 설법 공덕과 함께 크게 강조되어 왔습니다. 그리하여 수미정사 불전연구원에서도 『화엄경』(80권)을 독송하고 사경하는 데 도움이 되도록 한문 원문과 한글역을 함께 수록한 독송본과 한글역의 사경본『화엄경』 간행불사를 발원하였습니다. 이『화엄경』 간행불사에 뜻을 같이하여 적극 후원해주신 스님들과 재가 불자님들께 깊이 감사드립니다. 또한 『화엄경』을 수지 독송할 수 있도록 경책의 모습으로 장엄해 주신 편집위원들과 담앤북스 출판사 관계자들께도 고마움을 표합니다.

   끝으로 이 불사의 원만 회향으로『화엄경』이 널리 유통되고, 온 법계에 부처님의 가피가 충만하시길 기원드립니다.

   나무 대방광불화엄경

불기 2564년 '부처님오신날'을 봉축하며
수미해주 합장

위태천신(동진보살)

수미해주 須彌海住

호거산 운문사에서 성관 스님을 은사로 출가, 석암 대화상을 계사로 사미니계 수계, 월하 전계사를 계사로 비구니계 수계, 계룡산 동학사 전문강원 졸업, 동국대학교 불교대학 및 동 대학원 졸업, 철학박사, 가산지관 대종사에게서 전강, 동국대학교 불교대학 교수, 동학승가대학 학장 및 화엄학림 학림장, 중앙승가대학교 법인이사 역임.
(현) 수미정사 주지, 동국대학교 명예교수.
저·역서로 『의상화엄사상사연구』, 『화엄의 세계』, 『정선 원효』, 『정선 화엄 1』, 『정선 지눌』, 『법계도기총수록』, 『해주스님의 법성게 강설』 등 다수.

독송본 한문·한글역
대방광불화엄경 제57권

| 초판 1쇄 발행_ 2025년 6월 24일

| 엮 은 이_ 수미해주
| 엮 은 곳_ 수미정사 불전연구원
| 편집위원_ 해주 수정 경진 선초 정천 석도 박보람 최원섭
| 편 집 보_ 무이 무진 지욱 혜명

| 펴 낸 이_ 오세룡
| 펴 낸 곳_ 담앤북스
　　　　　서울특별시 종로구 새문안로3길 23 경희궁의 아침 4단지 805호
　　　　　대표전화 02)765-1251 전자우편 dhamenbooks@naver.com
　　　　　출판등록 제300-2011-115호
| ISBN_ 979-11-6201-908-5 04220

이 책은 저작권 법에 따라 보호받는 저작물이므로 무단전재와 복제를 금합니다.
이 책 내용의 전부 또는 일부를 이용하려면 반드시 저작권자와 담앤북스의 서면 동의를 받아야 합니다.

정가 15,000원
ⓒ 수미해주 2025